イライラ・ガミガミしないママになれる本

「言うことを聞かない子」が変わる言葉かけ

心理カウンセラー
水野優子 著

秀和システム

はじめに

本書を手に取っていただき、ありがとうございます。

子育てに不安や悩み、ストレスはつきもの。この本に興味を持ってくださったあなたも、おそらく子育てにちょっと疲れて、しんどい思いをしているのではないでしょうか。

でも大丈夫です。本書を読めば、あなたのストレスの元になっている様々な問題はきっと解消し、子育てでイライラすることもなくなるはずです。

はじめまして。心理カウンセラーの水野優子と申します。

元々保育士として働いていましたが、心理学を学び、学童保育の運営、公立小中学校での心の相談員などを経験したのち、15年ほど前にカウンセリングループを開設しました。

私のカウンセリンググループには、「子育てがしんどい」「イライラしてもう無理」と悩む親御さんなどが、年間千人ほど訪ねていらっしゃいます。

中にはお子さんの暴力や、登校渋り、不登校などの問題を抱えた方もいらっしゃいます。

悩みの内容は十人十色で、それぞれの家庭の事情も異なりますが、子どもの困った行動は、おおむね次の3つのどれか（または複数）が原因となっています。

❶親が子どもの「悪いモデル」になっている。

❷親の言葉が耳に届かない精神状態になっている。

❸子どもが親からの愛情に満足していない。

①、③はもちろん、②にも親の子どもへのかかわり方が大きく影響しています。

カウンセリングでは、相談にいらっしゃったみなさんの話に耳を傾け、ときにはご家庭にも訪問することで、親のどのようなかかわり方が子どものどういった問題につながっているのかを明らかにし、解決するためにはどうすればよいかをお伝えしています。

その解決方法ですが、難しいことはひとつもありません。長い時間をかける必要もありません。

親の言葉や態度、子どもへの対応をほんの少し変えるだけで、子どもは劇的に変わります。

たとえば、勉強が嫌いで宿題もしなかった子が、数か月で自分から宿題をする子に変わりました。

妹や友達に乱暴な振る舞いをしていた子が、手を上げなくなりました。

こうした事例については、第1章で詳しくお伝えします。子どもの困った行動に対して、親はどういう態度をとり、どういう言葉かけをするとよいのか、具体的にわかっていただけると思います。

第2章では、親がイライラ・ガミガミしなくなるための、親子のよい関係づくりの方法や、子どもが自主的に行動するようになるかかわり方についてお話しします。

第3章では、子どものやる気をそいだり、かえって反抗的になるような「やってはいけないかかわり方」や「言ってはいけない言葉」についてお話しします。

第4章は、相談件数の多い「子どもの困った行動」への対応です。

第5章は、コミュニケーションの基本について、カウンセラーとしてアドバイスさせていただきました。

コロナ禍で休校や外出の自粛が続き、家庭で子どもと過ごす時間が長くなった昨今、親子ともに以前よりストレスを感じることが増えていると言われています。

本書が少しでもそんなお父さん・お母さんのイライラ解消の役に立ち、みなさんの子育てを楽しいものに変えることができるよう、また、それによりお子さんがお父さん・お母さんとのかかわりに、より多くの喜びを感じられるようになることを心から願っています。

第2章 親子のよい関係ができれば、イライラ・ガミガミしなくなる!

第3章 「やってはいけない」かかわりと言葉かけ

第4章 「言うことを聞かない子」の行動を変える言葉かけ

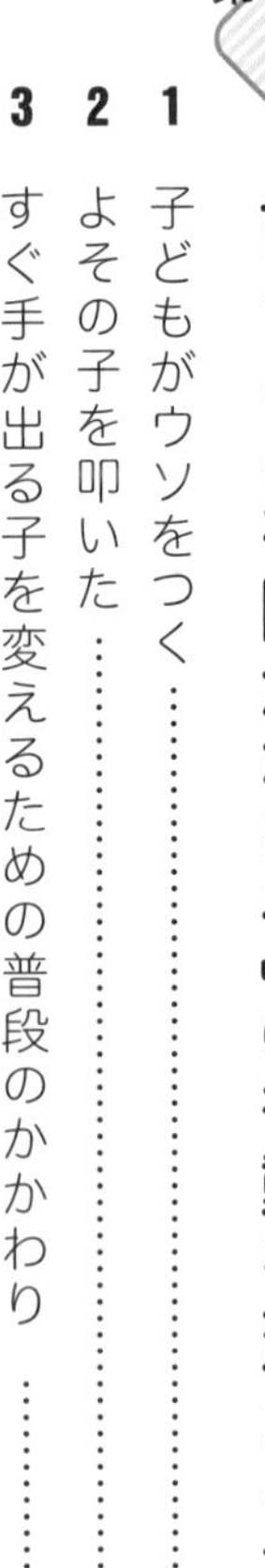

第5章 イライラ・ガミガミを減らす！コミュニケーションの基礎知識

第1章

子どもが困った行動をするにはワケがある

「はじめに」でお話ししたように、子どもが困った行動をするときは、主に３つの原因があります。第１章では具体的な事例を通して、原因にどう対処し、どのように問題を解決するかを紹介しています。かかわり方を少し変えることで子どもが大きく変わることを実感してください。

子どもの困った行動の原因①

親が子どもの「悪いモデル」になっている

子どもの困った行動についてのご相談はとてもたくさんあります。たとえば、ものを乱暴に扱う、言葉遣いが悪い、人を叩くなど。これらは学校や保育園・幼稚園の友達から覚えてくることもあれば、マンガや動画サイトで見て真似していることもありますが、小さい子の場合は、やはり親から影響を受けていることが多いです。

私が小学校で心の相談員をしていたときにかかわった、当時小学1年生の

Ｏくんもその一人でした。Ｏくんは、すぐに友達に暴力を振るったり、机や椅子を倒したり、授業を妨害するということで、担任の先生に心の相談室に連れてこられました。

いかにもいたずらっ子っぽいクリクリした目が可愛いＯくんでしたが、言葉遣いはとても乱暴。でも「ねぇ、自分のこと話してくれる？　Ｏくんのお話、聞きたいなぁ～」と言うと、「いいよ！」と応じてくれる素直な一面もありました。

そんなＯくんが話してくれたのは、家庭での体罰の様子でした。

「オレが泣くと警察が来るから、声が聞こえないように黒い袋に入れられて殴られるんだぜ！」

もちろん、学校に報告しました。そして翌日からお母さんのカウンセリングが始まりました。

お母さんからの体罰が原因で「すぐ手を出す子」になったOくん

お母さんの話では、Oくんは家庭でも言うことを聞かず、幼い妹にも乱暴するため、手を焼いているとのことでした。

「それは悪いことだと叩いて教えているんです」とお母さん。

Oくんがすぐ手を出す原因がわかりました。子どもは、様々なシーンでどう行動すべきなのかを親とのかかわりから学んでいます。Oくんもお母さんの行動から、「自分の気持ちを伝えるときは人を叩くもの」と学習していたのです。

Oくんのお母さんを責めるわけではありません。お母さんも自分なりに一生懸命Oくんをしつけようとしていただけです。ただ、不器用でやり方がわからなかっただけなのです。

お母さんにはまずそのことを理解してもらい、叩くのは即時にやめてもらいました。その上で、Oくんが何か不適切な行動をしたときにかけるお母さんの言葉遣いや言い方をひとつずつ確認し、命令口調や不機嫌そうな言い方をしている場合は違う言い方を一緒に考えて、練習してもらいました。なぜなら、自分の中にない言葉はとっさのときに出てこないからです。

また、**Oくんが悪いことをしたときよりも、普段の何もしていないときに関心を向けることを意識してもらうようにしました。**

その要領でお母さんがかかわるようになってすぐ、Oくんに変化が現れました。

乱暴な振る舞いが少なくなり、ぎこちなさは残るものの言葉遣いが丁寧になってきたのです。

子どもは親から学んでいるので、親が変われば子どもも簡単に変わるのです。

「叩く代わりにする行動」を繰り返し教える

お母さんにはさらに、「叩く代わりにする行動」を覚えてもらい、ひとつずつ遊び感覚でOくんに教えてもらうようにしました。

たとえば、「ぶん殴るぞ!」と言ってしまったら、「おおっと!」と声に出し両手で口をふさぎます。

手を上げてしまったら、その拳で自分の頭をグリグリとマッサージ。

手を上げる前に気づけたら、「シャッキーン」と言いながらロボットに変身! 手をまっすぐ降ろして太ももにつけます。

人を蹴りそうになったらバレリーナのようにクルッと一回転。

「うわぁ、かっこいいわぁ!」「上手ー!」

Oくんに声をかけながら、お母さんも一緒になって回るなど、何度もおもしろおかしく繰り返してもらいました。

しばらくして、集団下校のために校庭に並んでいるOくんを見かけました。Oくんは後ろにいる子に「ぶん殴るぞ」のポーズをしていました。

本気で殴るつもりではなかったようですが、手を上げた瞬間、Oくんはハッとした様子で拳を頭の上に持っていき、かぶっていた帽子のツバをそ〜っと直しました。そして一回転半して前を向き、ロボットのポーズで整列しました。

お母さんの努力が実ったようです。

子どもが「親の真似」をしていないか常に自分を振り返ろう

子どもの問題行動が気になったら、「もしかしたら親の真似をしてる？」と自分を振り返ることで、解決のヒントに気づけることもあります。

親がいつもと違うかかわり方をすれば、比較的すぐに子どももそこから学んで、自分の行動を変えるようになります。

大切なのは、問題行動を止めるだけではなくて、Oくんのケースのように、代わりにどうすればいいのかを教えてあげることです。

たとえば、子どもがおもちゃを投げたとき、「投げちゃダメ！」と叱るのではなく、優しく声をかけて「ここに置こうね」とか「ここにしまおうね」と、親が実際にお手本を見せてあげてください。「なるほど、そうやってすればいいのか！」と気づきを得た子どもは、思いのほか素直に真似してくれます。

子どもが上手に真似をしたら、すかさず喜んであげてください。大好きなお父さん、お母さんが喜ぶのを見て、子どもは次からも意欲的に親を真似して学ぼうとするようになるでしょう。

子どもの困った行動の原因②

親の言葉が耳に届かない精神状態になっている

「いくら言っても片づけない」「ものを散らかす」……この問題はお母さんがイライラ・ガミガミしてしまう原因のナンバー1かもしれません。

しかし、実はそのお母さんのイライラ・ガミガミが、子どもをさらに「片づけない子」にしている可能性があります。

小学3年生のHくんのケースがそうでした。お母さんは「いくらおもちゃを出しっぱなしにしないように言っても、Hは全然言うことを聞かない」と困っていたため、ご家庭を訪問して様子を見せてもらうことにしました。

Hくんがおもちゃで遊び始めると、すかさずお母さんの声が飛びました。

「次から次に出さないで、遊び終わったおもちゃは片づけてから次のを出しなさいよ！」

Hくんはそれには答えず、不機嫌そうな顔で次から次へおもちゃを出して散らかしていきます。お母さんは「あーあこんなにしちゃって。自分が出したものは自分で片づけてね！」「知らないからね。自分できちんとやりなさいよ！」と、叱る言葉が止まりません。「言うことを聞かないならおもちゃ捨てるわよ！」というお母さんの言葉に、Hくんはついに泣き出してしまいました。

Hくんはいつもガミガミ言われているため、お母さんの声に耳を塞いでしまっている状態でした。また、叱られることで怒りや悲しみといった「嫌な気持ち」がたまり、片づけが嫌いになってしまったようでした。

これまでに怒られた「嫌な思い出」が積み重なった結果、「片づけをしなきゃ」と思うだけで何だか嫌な気分がして、やりたくなくなってしまうのです。

ステップ①　１週間子どもに「何も注意しない」で関係性をリセット

こういう場合は、次の３ステップで改善していきます。

- **ステップ①** まずは最低３日、できれば１週間、注意するのをやめる。
- **ステップ②** 次の１週間は、子どもが何をしてもニコニコと温かく見守って関係性を修復する。
- **ステップ③** 伝え方を「お誘い口調」や「お願い口調」に変えて指示する。

子どもが耳を塞いでいる状態では、どんなことをどんなふうに語りかけても届きません。まずは親子の関係性をリセットして、子どもが「親の話を聞ける」状態になることが必要です。

そのための最初のステップとして、**これまで注意していたシーンで注意することをやめます。**言いたくても口には出さず、「見逃す」「気づかないフリ」に徹します。

3日～1週間、何も注意しなければ、子どもも「あれ？　ママが変わったぞ？」と気づきます。これまでと違うことに戸惑い、お母さんを試すためにわざとイラつかせる行動に出るかもしれませんが、一時的なものですので我慢してください。もし我慢できずに何か言ってしまったらやり直しです。

何も言わないチャレンジが達成できたら、次のステップに進みます。

ステップ②　次の1週間はひたすら優しく接して関係を修復

次の１週間は、子どもとの関係修復の期間です。

想像してみてください。自分に対して「嫌なことをしてくる人」「いつも不機嫌そうで近づきにくい人」「話し方がキツい人」には、誰しも少し距離を置きたいものです。

ガミガミママも、子どもから「距離を置きたい」と思われているでしょう。

この関係を修復するには、子どもに対して常にニコニコと笑顔で接し、積極的に好意を表していく必要があります。**子どもとかかわるときには「優しくなるスイッチ」を入れて、「また嫌なことを言われるのでは」という子どもの恐れを払拭していきます。**

「イライラするな」というわけではなく、イライラしているところを見せないように心がけるということです。もちろん、本心から笑顔でいられれば理想的ですがなかなかできるものではありません。ですので、演じることに徹します。子どもには笑顔を見せて、心地よさを感じさせてあげてください。

そうやって、子どもの心にたまっていた「嫌な気持ち」が消えたら、いよいよステップ③です。

ステップ③　伝え方を変えて子どもの行動を促す

子どものネガティブな気持ちを払拭できた頃合いを見て、**最低限必要な注意だけを「お誘い口調」や「お願い口調」で言うようにしてみましょう。**

「お誘い口調」は「〜しようか」、「お願い口調」は「〜してくれる?」。これまでのように「〜しなさい」と命令するのではなく、優しくおだやかな態度で子どもの行動を促します。

そして子どもがそれを受け入れて行動したら、必ず感心して喜び、感謝の気持ちを伝えます。

ここでのポイントは、子どもに対するセリフや声のトーンを事前に用意し

てシミュレーションしておくことです。怒ってガミガミ言う以外の言い方や言葉を身につけておかないと、ついいつも通りの反応をしてしまいます。

やり方は、まず普段自分がよくイライラするシーンをひとつ選んで、そのときの子どもの言葉や表情を思い出します。また、自分がどのような言葉をかけるか、声の大きさやトーン、表情なども思い出します。

そのセリフの代わりになるセリフを考えます。命令口調の「おもちゃを片づけなさい！」なら「さ、片づけようか？」（お誘い）、「片づけてくれるかな？」（お願い）など。内心イライラしていても、女優になったつもりで笑顔をキープし、おだやかに話しかけてください。

Ｈくんのお母さんにこの３ステップを実践してもらったところ、Ｈくんは進んで片づけをするようになりました。

お母さんは素早く反応し、感心して喜ぶようにします。これはもちろん、心からの喜びとなることでしょう。

子どもの困った行動の原因③

親からの愛情に満足していない

子どもが困った行動を起こす原因の3つめは、「子どもが親からの愛情に満足していない」ケースです。

それはイコール「親が子どもを愛していない」とか、「愛情のかけ方が少ない」のではありません。子ども側が親からかけられる愛情に満足せず、「もっともっと」とほしがっている状態ということです。

愛情に満足していない子どもは、「何事にもやる気が出ない」とか「親にかまってほしくて、迷惑をかける」といった問題を起こすことがあります。

見方を変えれば、これは**子どもからの「愛情がもっとほしい」というサイン**です。見逃さずに、それまでの対応を変えてあげれば、子どもの問題行動も収まっていきます。

子どもとかかわるときは何があっても笑顔でいる

小学４年生のＩちゃんのケースをお話ししましょう。

Ｉちゃんは大の勉強嫌いで、お母さんが毎日どれほど叱っても宿題をやろうとしませんでした。

堪忍袋の緒が切れたお母さんが「もう勝手にしなさい！　そんな子は知らない！　大嫌い！」と言うと、「ごめんなさぁい！　ごめんなさぁい！」とすがって泣き、「宿題やるから！」と机の前に座るのですが、すぐに「わからない！　教えてー！」とお母さんを呼びつけます。

そこでお母さんが横について教え始めると、Iちゃんはふてくされた態度で、「もうイヤ〜！」とまた泣き出し、お母さんの怒りが再燃……というパターンが繰り返されるのでした。

カウンセリングに来たお母さんは「私には子育てなんて無理！　子どもなんていらない！」と吐き捨てるように言いました。

そんなお母さんにお願いしたのは、Iちゃんとかかわるときは、**何があっても笑顔でいること、ガミガミ言うのをやめること**です。

「それができたら苦労はしません」と渋るお母さんに、私はこう説明しました。

「Iちゃんはお母さんが大好きで、お母さんの関心を惹きたいし、少しでも一緒にいたいんですよ。そのためには、いい子にしているよりお母さんを困らせるほうが効果的だと思っているんです。なぜなら、そうするとお母さんにかまってもらえることを経験として知っているから。

Ｉちゃんに、叱られなくても自分から宿題をする子になってもらいたいのであれば、お母さんはいつもＩちゃんに関心を寄せているよ、大好きだよ、ということがＩちゃんに伝わらないといけません。そのためにはまず〝笑顔〟で接することです。そして、Ｉちゃんが寄ってくる前に、お母さんのほうから寄り添ってみてください」

それから数か月後、Ｉちゃんはお母さんが仕事から帰ってくる前に宿題を終わらせるようになったと報告がありました。

子どもは親にかまってもらうために迷惑をかける

子どもにとって最もつらい状況は、親にかまってもらえないことです。子どもは、どうすれば親の関心を自分に向けてもらえるかを、物心がつく前から学習し、何とか親の視線を自分に向けようとあの手この手を試しています。

そのひとつが、「迷惑をかける」ことです。怒られても自分を見てもらえるので、かまってもらえないよりはずっとマシだと子どもはとらえてしまうのです。

逆に、自分が愛されていると感じることができれば、子どもは無理に関心を向けてもらうような行動をしなくなります。

そのために有効なのが、「何があっても子どもに笑顔を向けること」です。それにより、子どもの心は幸せで満たされていきます。

大切なのは、子どもが望む形で、子どもが望む量のかかわりをすることです。そうすれば子どもの困った行動は減っていくはずです。

第2章

親子のよい関係ができれば、イライラ・ガミガミしなくなる!

子どもにとって、親は「心の安全基地」です。イライラ・ガミガミさせられるような困った行動も、「親が子どもを無条件に愛して包み込む」ことで、どんどん少なくなってきます。この章では、そうした「よい親子関係」をつくるかかわりについてお話しします。

「無条件に愛して包み込む」ことで親子関係の基盤をつくる

お母さんがイライラ・ガミガミする原因の大半は、子どもの困った行動にあります。

第1章では、子どもの困った行動の原因として多い3つの問題を取り上げ、実際の相談例をもとに、解決策を紹介しました。

そこでお話ししたように、子どもの行動には親のかかわり方が大きく影響しています。

できれば、何か問題が起こってからかかわり方を改めるのではなく、問題が起こらないようなかかわりを普段から心がけたいものです。
本章では、そうした普段のかかわりで気をつけたいこと、心がけたいことについてお話ししていきます。

子どもに応対するときは「優しくなるスイッチ」を入れる

親御さんにまずお願いしたいのは、どんなときもお子さんが安心していられるような環境を提供してあげてほしいということです。**子どもにとって親が「心の安全基地」になることが、子どもの困った行動をなくすための第一歩**だからです。

そのためには、お子さんをいつも「**無条件に愛して包み込む**」ことを忘れないでください。そしてその気持ちが子どもに伝わるように、子どもにかかわるときは、柔らかな表情と言葉、温かく包み込むような雰囲気で接してください。

第1章で紹介したOくん、Hくん、Iちゃんのお母さんにも、「いつも笑顔で、ガミガミ言わずに」「優しくなるスイッチを入れて」とアドバイスしました。子どもの問題行動に困っているときに笑顔でいることは難しいかもしれません。しかし、イラッとした瞬間に反射的にイライラをぶつけては、子どもは萎縮したり反発したりするだけです。

自分がイライラしそうだと感じたら、ひと呼吸入れて落ち着きましょう。「私はイライラしている」と声に出して自分を客観視してもよいでしょう。トイレに行くなど、子どものそばからいったん離れるのも一法です。

私は決して「イライラするな」と言っているのではありません。イラッとするのは仕方ないこと。ただ、子どもにイライラしている様子を見せないようにすればいいだけです。イライラを顔や言葉に出さずに接することで、子どもの反応が変わってきます。

お母さんが変わらなければ、子どもの行動は変わりません。何かを変えようとするなら、今とは違う対応が必要なのです。

普段の何でもないときに愛情を伝える

特に大切なのは、普段の何でもないときに愛情を伝えることです。子どもが朝起きてご飯を食べて学校へ行く。当たり前のようですが、世の中が平和で、本人が健康だからこその毎日です。この「いつも通りの子ども」でなくなってから「いつも通り」を取り戻すのは一苦労です。感謝と愛情を込めて、「おはよう！」「いってらっしゃい！」と声をかけましょう。

子どもをよく見て「できていること」に気づいて喜び、「朝一人で起きられてすごいね！　ママ嬉しい！」などと声をかけると、子どもはグングン変わってきます。

2 「無条件に愛している」ことを自然に子どもに伝えるには

ここでは、「無条件に愛して包み込む」とはどういうことか、どうすればいいのか、具体的にお話ししたいと思います。

子どもに対してついイライラ・ガミガミしてしまうからといって、お子さんを愛していないわけではありませんよね。むしろ愛しているからこそガミガミ言ってしまう……親御さんの多くはそうおっしゃるでしょう。

けれども、残念ながらそれでは子どもに、「無条件で愛している」ことはなかなか伝わりません。

子どもが、「自分は無条件に愛されている」と感じられるようにするには、次のような具体的な行動が必要です。

❶子どもをちゃんと目で追う。
❷いつでもお母さんから笑顔を向ける。
❸どんなことにも「すごいね！」と感心する。

それぞれ、もう少し詳しく見ていきましょう。

❶子どもをちゃんと目で追う

子どもにとって、「見られている」は「見守られている」です。お母さんが自分をいつも見てくれていることで、失敗したり、困ったことが起こっても、すぐに助けてもらえると思い、安心できます。

子どもは、お母さんの心の中がいつも「自分だけでいっぱい」でいてほしいと本能的に求めているのです。

ですから、お母さんの意識が自分以外に向いていることを察すると、子どもはあの手この手で自分に関心を向かせようとします。

家事で忙しいときに限って子どもがまとわりついてくるのは、お母さんが自分を見てくれていないことにその子が気づいているからです。

お友達と遊ばせようと子どもを公園に連れて行ったのに、お母さんのそばから離れようとしないのも同じ理由です。

皆さんはそのとき、ママ友と話し込んでいたり、スマホを見ていたり、ぼーっと考えごとをしたりしてはいなかったでしょうか？

これからは、「ねぇねぇ」「見て見て」と子どもにまとわりつかれてイラッとしたら、「子どもが自分を見てほしがっているんだ」と思い出してください。

そして、「お母さんは忙しいの！」と邪険にしたりせず、「なあに？」と笑顔で見つめ返してあげてください。

ただそれだけで子どもは安心し、リラックスできます。

お母さんがいつでもその子の安全基地であることをわかりやすく示すために、常にお子さんを目で追うことを忘れないようにしましょう。

❷いつでもお母さんから笑顔を向ける

笑顔は人間関係の潤滑油です。誰しも笑顔で接してもらえば気持ちいいですし、自分に笑顔を向けてくれる人には、悪い印象は抱かないでしょう。

子どももももちろん同じです。

特に子どもにとっては、家庭が「世界」のほぼすべてです。お母さんがいつも笑顔なら、子どもの世界はそれだけでとても幸せなのです。

もう一点、大切なのは、子どもがいい子であっても、いい子でなくても、いつでも同じように笑顔を向けることです。すると子どもは、「自分の存在そのものに価値がある」と感じることができます。

たとえば、親の言いつけを守ったときだけ子どもに笑顔を向けていたら、それは「いい子のあなたが好きよ」というメッセージになってしまいます。子どもは「いい子でなければお母さんに愛してもらえないんじゃないか」といった不安を感じてしまうでしょう。

❸どんなことにも「すごいね！」と感心する

「どんなあなたでもOK」と相手を認めていることをわかりやすく伝えるには、どんなことにも「すごいね！」と感心するのもひとつの方法です。

相手が特別立派なことをしたからほめ讃えるわけではなく、「あなたには力があるよ！」「あなたは素晴らしい能力を持っているよ！」という、その人への敬意を示す表現です。

ただし、感情が入らない機械的なほめ方では、かえっておざなりな感じがします。また、おだてていると受け取られ、反発を招く場合もあります。

子どもに「無条件で愛している」ことを伝えるには、子どもを尊敬する気持ちを込めて、「すごいね！」と言葉にしましょう。

また、単に「いい子だね」「えらいね」「すごいね」などの短い言葉で済ますのではなく、「嫌いな○○も食べてえらかったね」「こんなことができるようになったんだね、すごいね」と「すごいところ」を具体的に挙げるようにしましょう。

子どもにありったけの「すごいね！」の気持ちを言葉に込めて伝えると、子どもが自分の長所に気づくための助けとなります。そして子どもに、自分を信じる力を与えることができます。

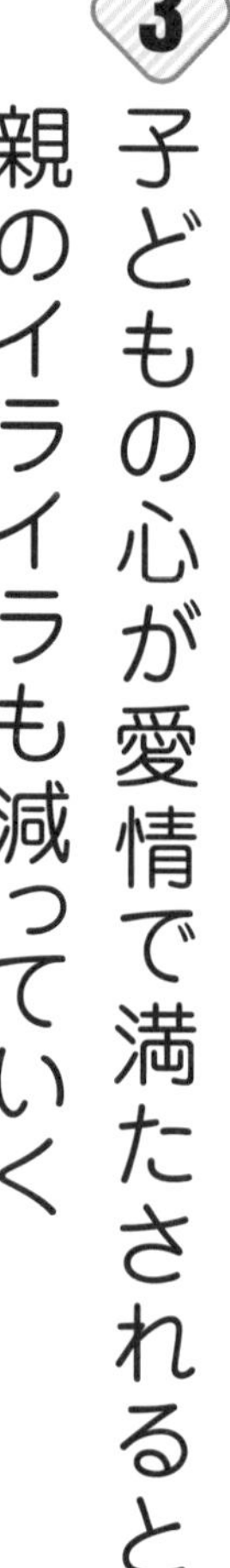

3 子どもの心が愛情で満たされると、親のイライラも減っていく

相談に来られるお母さん方に、ここまでお話しした「子どもに愛情を伝えるコツ」を伝えて実践していただくと、どの方も後日、嬉しそうに報告してくださいます。

「1週間で子どもの表情がずいぶんやわらかくなった」

「恥ずかしそうに『もういいって！』と言いながら、嫌がらずに動いてくれるようになった」

繰り返しますが、子どもとの関係で一番大切なことは、親が「無条件に愛して包み込む」ことです。それにより、子どもの心に親からの愛情が蓄積されていきます。

子どもの心が親からの愛情でいっぱいになっていると、親子のコミュニケーションはスムーズになり、親の発する言葉も届きやすくなります。

するとイライラの大きな原因である「言うことを聞いてくれない」という問題が解決に向かっていきます。

必要な愛情の量は子どもによって違う

ただ、親は子どもを精一杯愛しているのに、子どもは満ち足りていないこともあります。

その理由は２つあります。

ひとつは、その子は人一倍、愛情を必要とする子だということです。お茶碗一杯のごはんでお腹いっぱいになる子もいれば、それでは足りない子もいるように、愛情も子どもによって要求する量が違うのです。兄弟でも違うことがあります。

そういう子には、わかりやすい形で、しっかりと愛情を表現してあげる必要があります。

もうひとつは、何らかの原因で、子どもの心が傷ついて不安定な状態になっている場合です。

たとえば、夫婦仲が悪い、同居している祖父母との関係がぎくしゃくしているなど家庭内に問題があったり、学校や保育園などでの生活や人間関係などで子ども本人が消耗したりしていると、心は不安定になります。**不安定な心には、親からかけられる愛情や言葉も届きにくくなります。**

そうなると、親がいくら愛情を注いでも、まるで割れたコップに水を注いでいるかのように愛情がどんどん外に流れ出て、その子の心の中にたまることはありません。

この場合は、心を傷つけている原因を見つけて取り除くことが先決となります。

愛情と甘やかしを履き違えない

子どもに対しては、どんなときも柔らかな表情と言葉、温かく包み込むような雰囲気で接し、「無条件に愛して包み込む」ことが大切と述べてきましたが、一方で気をつけなければならないことがあります。それは、**愛情と甘やかしを履き違えないことです。**

たとえば、子どもが面倒がったり嫌がったりすることを代わりにやってあげたり、社会のルールや道徳に反する言動を叱らないで放置したりするのは、愛情ではなく甘やかしです。

甘やかされて育った子には、次のような問題が起こりがちです。

- 感情のコントロールができない。
- 「してもらえて当然」と思うようになり、希望通りにならないと怒るなど、自己中心的になる。
- 自分で考えて行動することや努力することができなくなる。

このような人間は、残念ながら周囲から嫌われ、敬遠されてしまうでしょう。甘やかしは将来的に、その子に苦痛を味あわせることになるのです。

甘やかしは子どもの未来を悪くするかかわり

子どもにとって、日常的な甘やかしは中毒性のあるお菓子と同じです。甘いお菓子を日常的に食べていると虫歯や肥満、成人病の原因になるように、甘やかしは子どもの人生を奪う無責任な行為だということがおわかりいただけると思います。

愛情は、子どもの未来をよいものにするかかわりですが、甘やかしは、子どもの未来を悪くするかかわりなのです。

自分のやっていることが、甘やかしか愛情かわからなくなったときは、子どもの未来を想像して、「それはこの子のためになる？」と自分の心に尋ねてみてください。

「何でもしてあげる」「何でも許してあげる」「何でも与えてあげる」は、決して子どものためにはなりません。

第3章

「やってはいけない」かかわりと言葉かけ

この章では、「普段のかかわりでしないほうがいいこと」を紹介しています。目標は子どもに問題がないときのかかわり方を変えて、「子どもが言うことを聞かない」「やる気がない」「何回言っても直らない」といったイライラのタネをなくすことです。

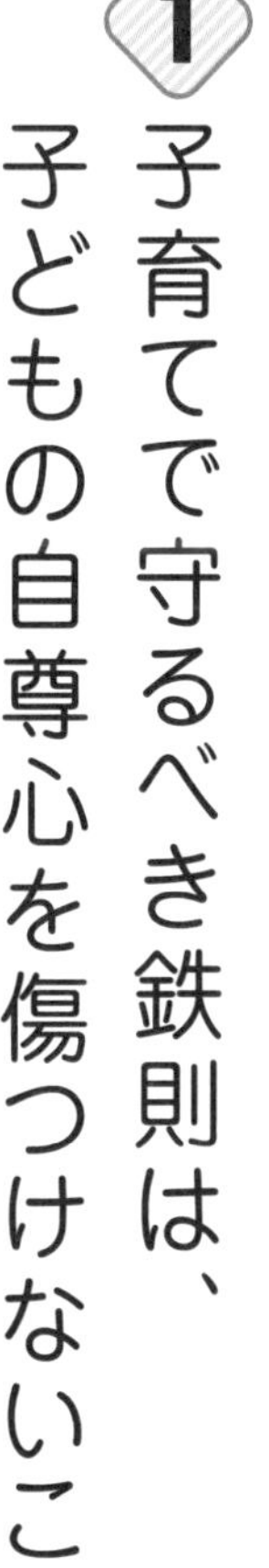

1 子育てで守るべき鉄則は、子どもの自尊心を傷つけないこと

第3章では、親子のよい関係づくりを阻むような、親の言葉や行動についてお話しします。

まず、子育ての鉄則として私がいつもお母さん方にお願いするのは、「子どもの自尊心を傷つけないようにしましょう」ということです。

「相手の自尊心を傷つけない」というのは、対人関係を良好にするための基本です。これさえ守っていれば、どんなにコミュニケーション下手な人でも、対人関係で大きな問題が起こるリスクは少なくなります。

自尊心を傷つけられた側にとって、そのときの悔しさ、つらさは消えることなくずっと心に残ります。自分を傷つけた人を嫌いになり、信頼できなくなります。復讐したくなるほど恨むこともあります。

お子さんとの関係を台無しにしないために、「子どもの自尊心を傷つけない」を胸に深く刻んでください。

人前で叱らない

具体的には、次のことに気をつけます。

◇①人前で叱らない

人前とは、他人に限らず兄弟、親戚、友人なども含みます。叱るときは１対１が鉄則です。人前で叱られると、言われた内容より、「それを聞いていた人達が自分のことをどう感じたか」で頭がいっぱいになってしまって、叱られた内容と向き合えなくなりやすいです。

◇②叱るときにも、言い方などに思いやりを忘れない

感情にまかせた攻撃的な言葉は相手を傷つけます。一呼吸置いて、「こんな言い方をしたら傷つくだろうな、言い方を変えよう」と考え、言葉を選ぶようにしましょう。「どうしてこんなこともわからないの⁉」などと、人格を否定するような言い方はやめましょう。

◇③たとえ謙遜でも、子どもを卑しめるようなことを言わない

ママ友や親戚などとの会話で、「うちの子は勉強できなくて……」などと子どもを下げる言い方をする人は多いです。謙遜して言っているとしても、これを聞いた子どもの心には「自分はダメなんだ」という自分を否定する感情が生まれ、自己肯定感が低くなってしまいます。たとえ冗談でも、子どもの容姿や能力をあげつらうような失礼な発言もしないようにしましょう。

◇④子どもに干渉しすぎてやる気をくじかない

たとえば工作など、子どもがうまくできないのを見て、「それじゃダメよ。貸してごらん、こうするのよ」と横から奪い取って親がやってしまう、ということもよくあると思います。これも子どもの自尊心を傷つけますし、過干渉は子どもをダメにしてしまいます。

罰とご褒美で言うことを聞かせようとしない

「片づけしなかったらおやつは抜き！」

「宿題したらゲームをやってもいいよ」

こんなふうに、子どもに罰やご褒美を与えることで言うことを聞かせようとするお父さん・お母さんは多いと思います。

賞罰を与えてのしつけは手っ取り早く、子どもが小さいうちは効果も現れやすいですが、そのとき限りになりやすく、しつけ・教育という本来の目的は達成されません。

たとえば、「片づけしなかったらおやつは抜き！」ということは、「おやつがほしければ片づけをする」けれども、「おやつはいらないから片づけもしない」「おやつがいらなければ片づけをしなくていい」という考えも生んでしまいます。

「何かがもらえるからする（しない）」「罰が嫌だからする（しない）」という考え方では、善悪の判断ができるようにはなりません。自分で何かを考えて、選択するという力もつきません。**プラスであれマイナスであれ報酬がモチベーションになってしまうと、やるべきことであっても自分からはしない子になってしまいます。**

「罰や褒美をセットにして命令すれば、人は行動する」と学習してしまうのも、よくない点のひとつです。

しつけは賞罰を与えずシンプルに

子どもが言うことを聞かないときに、賞罰で釣らずに諭すベストな方法は、とてもシンプルです。

あくまで冷静に、毅然とした言い方で「しなさい」「ダメです」「しません」と言い続けるだけです。

大切なのは、折れて譲歩しないこと。手っ取り早く言うことを聞かそうなんて思わないこと。**「我慢比べに勝つ」と強く胸に誓いましょう。**

子育てに即効性を求めると失敗しやすくなります。「繰り返し繰り返し根気よく」が子育ての王道です。

3 先回りして注意するのは「あなたを信用していない」というメッセージ

子どもに人生を強くたくましく歩んでほしいと願うなら、**「先回りのお世話」はやめましょう。**

先回りのお世話とは、「ああしなさい」「こうしなさい」「あれ持った？」など、子どもが自分で考えて動くより先に指示を出すことです。

子どもが失敗をしないようにと願うあまり、先に口出ししてしまうのですが、この状態がずっと続くと、子どもは自立できません。「人にお世話してもらわないと何にもできない自分」というイメージが刷り込まれてしまい、その通りの人生を歩むようになります。

また、**「あれはやった？」「あれ持った？」と先回りして言うのは、「あなたを信用していない」というメッセージでもあります。**

子どもは敏感にそれを察して「自分は親に信用されていない」「何もできないと思われている」と受け取り、自信を失っていきます。

実際に、学校生活や親子関係がうまくいっていない子どもに話を聞くと、多くの子が「自分は親に信用されていないから」と言います。

口出しせず見守るのは「あなたを信頼している」というサイン

子どもにとって本当に必要なのは、「あなたはできる子」と信頼して、「見守る」「待つ」という姿勢です。

子どもに対する親の基本のスタンスは、まず「見守る」こと。そして子どもの行動をよく観察し、信じて「待つ」ことです。それが、「あなたを信頼している」というサインです。

人は信頼されていると思うと自信が湧き、積極性が出てきて自分から行動するようになります。親から声をかけられずに自分でやりきったということが、その子の自信になり、未来につながるよい経験になります。

4 叱るときに「いつも」「また」は言わない

叱るときは、「いつも」とか「また」という言葉を使わないように、また呆れたような表情をしないように意識します。「いつも」や「また」を使うと、「自分はいつも失敗する」と子どもの潜在意識に刷り込んでしまいます。

叱る必要があるときは、「毎度そのときが1回目」として、事実だけをシンプルに注意します。**悪いことはその場限り、いいことはいつまでも。**この基本スタンスで子どもとのかかわりはずいぶんわかりやすくなります。

親の不安を「どうせ」「また」といった言葉で並べることもやめましょう。

子どもは親から、「失敗を期待されている」と無意識に受け取ります。もしくは「失敗してはいけない」と無意識に受け止め、失敗を避けるために「失敗もしないが成功もしない」といった無難な選択肢ばかりを選ぶようになることもあります。

「また失敗」とか、「いつもがっかりさせる」といった言葉は、常に期待もしていなければ、成長するとも思っていないという、とても残念なメッセージとして子どもに届いてしまいます。

また、事が失敗に終わっても、子どもに対してネガティブに「残念だったね」や、失敗したことを強調することになる、「次、頑張れ」などと言うのはやめましょう。結果にかかわらず、「よく頑張った！」「かっこよかったよ！」「頑張った姿がすごく嬉しかった」と言葉に出して、愛しい表情を子どもに向けてください。

「次は成功する」などの一方的な期待や、間接的に失敗を肯定してしまうような言葉も控えます。

失敗したことに対して、何か言いたいときは、その場限りの表現をしてあげてください。

責め立てず、くどくど言わず、引きずらない

子どもが頑張らないときは心の中にいろんな気持ちがあり、結果に不安があって、「頑張らなかったからダメだったけど、自分はやれば（頑張れば）できるんだ」という希望を残しておきたいのかもしれません。

もしくは親に「頑張ってもできない人間だ」とがっかりされたくないから、あえて頑張らないことで「この子はやればできるのに……」と希望を持ってもらい、愛情を失わないようにしたいのかもしれません。

それとも、単純にほめ言葉不足かもしれません。

過保護の甘えによる、「何事にも真剣に取り組まない」という姿勢であるなら、厳しい姿勢を見せることもときには必要ですが、頑張る必要があるときに頑張らない場合は、親の気持ちをそのまま、「結果に関係なく、あなたが頑張っていないように見えて悲しかった」と静かに伝えてください。「**責め立てず、くどくど言わず、引きずらない**」ことを大事にします。

そして何より今後の日常生活のかかわりでは、「無条件の愛情をたっぷりかける」「必要なときに必要な分だけ厳しくする」を意識します。すると子どもは、親からもらった愛情としつけを糧に、自信をもって自己実現できる人生を歩んでいくはずです。

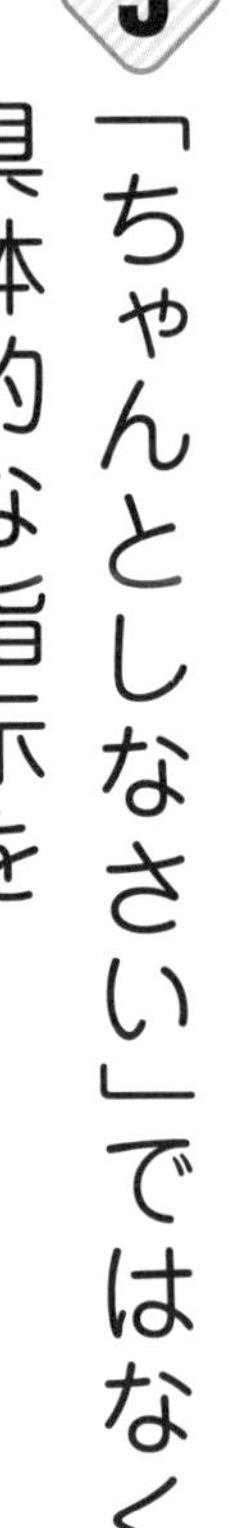

5 「ちゃんとしなさい」ではなく具体的な指示を

「ちゃんとしなさい」は便利な言葉です。

どこのご家庭でも、生活のあらゆるシーンで子どもをしつける言葉として使われていることでしょう。

一方、「ちゃんとする」とは、とてもあいまいでゴールが見えない言葉でもあります。服装、勉強、生活態度……、言われた子どもにしてみれば、自分ではこれくらいでいいかなと思っても、足りなくて怒られる可能性があり、不安を感じる言葉かもしれません。

また、**「ちゃんとしなさい」という言葉には「あなたはちゃんとしていないというメッセージが含まれています。これは子どもの心を傷つけます。**

もしもお母さんが「ちゃんとしなさい」攻撃を必要以上に繰り出していたら、子どもは「ちゃんと」と聞いた途端に「またか！」と怒りが湧いて、反発してしまうかもしれません。あるいは逆に、「またやっちゃった」と自己嫌悪を感じて、自己肯定感が下がるかもしれません。

いずれにせよ、やる気を失わせてしまう可能性は大です。

具体的に指示するほうが行動に対する心理的ハードルも下がる

子どもを混乱させないためにも、「ちゃんとしなさい」の代わりに、具体的にどうすればいいのかだけを子どもに言うようにしてみましょう。

「ちゃんと片づけなさい」より、「積み木はこの箱にしまってね」と具体的に指示するほうが、具体的な行動がイメージしやすく、行動するまでの心理的なハードルも下がります。例を挙げましょう。

「ちゃんとお掃除しなさい」⬇「すみっこまで掃除機かけてね」

「ちゃんと歯磨きしなさい」⬇「歯を1本1本、磨き残しがないよう丁寧に磨こうね」

「ちゃんと練習しなさい」⬇「1日1回1曲、一度も間違えなかったら今日の練習はおしまいね！」

「ちゃんと背筋を伸ばしなさい」⬇「体の中心をまっすぐに立ててみて？　そうそう！　その通りだよ！」

なお、「ちゃんと」自体は悪い言葉ではありません。使い方が乱暴だと、マイナスに作用するだけです。

「ちゃんと」を上手に使うには、次の５つの条件を備えている必要があります。

①「この子はできる子」と信じていること。
②この子を愛しているという愛しさが口調に表れていること。
③結果にかかわらず、そのあと必ず「頑張ったね、おりこうさんだったね」とほめて、認めること。
④「ちゃんと」できていなくても、否定や拒否をしないこと。
⑤「ちゃんと」できていてもできていなくても、愛されているという自信を子どもに与えられていること。

「ちゃんと」言えば、この子は「ちゃんと」できる、そう信じて使ってあげてください。

6 「あなたのため」「してあげる」はNGワード

まずは質問です。

あなたは外出した折に、子どもが喜ぶと思ってお土産を買って帰りました。「○○買ってきてあげたよ」と言ったときのお子さんの反応は次のどちらでしょうか。

①素直に「ありがとう!」と喜ぶ。

②「頼んでないのに……」とふてくされる。

①なら、あなたとお子さんの関係性に問題はありません。
もし②なら、ちょっと問題ありです。

子どもが親の「○○してあげた」という発言に敏感に反応し、「恩着せがましい」と感じて素直に喜べない背景には、親から常にそう言われてうんざりしているという状況があるのかもしれません。

もしかすると日頃から、親の要求を子どもに「あなたのため」というスタンスで押しつけてはいないでしょうか？

親子の関係性を悪くする、恩着せがましい言い方の例

親子の関係性を悪くする、恩着せがましい言い方には次のようなものがあります。

◇あなたのため

「あなたのためを思って」は、親が子どもによく言うセリフです。

しかし、「あなたのため」を押しつけられた子どもにとっては重荷です。そのため、「そんなの親の勝手でしょ」と反発したり、逆に「自分なんかのために申し訳ない」と感謝よりも罪悪感を感じたりしてしまいます。実際に、自分の存在が親を苦しめていると悩んでいる子どもの話をたくさん聞きました。

◇せっかく・わざわざ

「せっかく用意したのに」「わざわざ買ってきたのに」といった言葉も、子どもには押しつけがましく聞こえます。「別に頼んでないのに……」と反発するのはそのせいです。

もし、子どもからのお願いに対してこのセリフを親が言ったとしたら、今後、子どもは何かあったときに親を頼りづらくなります。

子どもへの行為に見返りを求めるのはやめましょう。その代わり、親子関係と子どもの真っ直ぐな育ちという、お金では買えないものを得ることができます。

◇お金をかけている

塾や習い事をしている子に、「高いんだからちゃんとやりなさい」「ユニフォームもタダじゃないのよ」といった言葉も、つい言ってしまいがちです。言われた子どもは、「それならやらなくてもいいよ」とスネてしまうでしょう。他には、「選手に選ばれたら遠征にお金がかかって親に悪いから」と、頑張らない理由にしてしまっているケースもありました。

恩着せがましくならないために、まずは「してあげる」という気持ちを手放してください。気持ちを手放すのは難しいことですが、せめて子どもに向かって言わないようにしましょう。

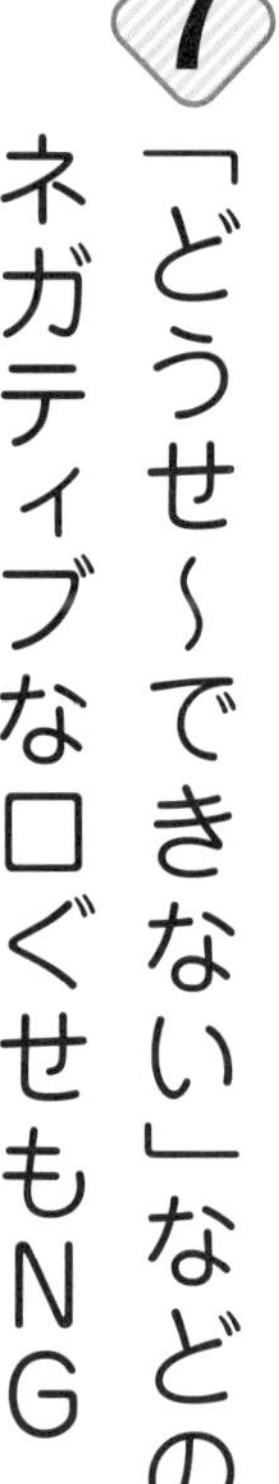

7 「どうせ〜できない」などのネガティブな口ぐせもNG

再び、質問です。

皆さんは普段、お子さんに向かって「どうせ〜だから」という言葉を発してはいないでしょうか？

「どうせ三日坊主なんだから」

「どうせ無理なんだから」

残念なことに、たいていその悪い未来予測は当たってしまいますが、それにはれっきとした理由があります。

「どうせ〜」というのは、相手を否定する言葉。「あなたには期待していない」というメッセージとなってしまいます。否定する言葉をかけられ続けていると、子どもは「どうせ自分はダメな人間だ」と、自分を肯定できなくなっていきます。また、「どうせできないと思われている」と思えばやる気も失せるでしょう。

親がかける「どうせ〜」というその言葉こそが、子どもをそのような行動に誘導してしまい、悪い未来を引き寄せているのです。

子どものやる気をそぐ口ぐせや声かけ

他にも、子どものやる気をそいでしまうような口ぐせや声かけはたくさんあります。お母さんとしては励ますつもりで言ったとしても、違うメッセージとして受け取られてしまう場合もありますので、注意が必要です。

◇心配する

「そんなに頑張らなくていいよ」「無理しなくていいよ」「ほどほどにね」……頑張りすぎて体を壊さないようにと、子どもを気遣っての言葉ですが、繰り返し聞かされるうちに、子ども自身もそんなに頑張らなくていいと簡単に自分に許可を出すようになり、踏ん張りのきかない子になってしまう可能性があります。

◇過干渉

子どもが課題に取り組んだりしていると様子が気になって「ちゃんとできてる？」「頑張ってる？」「きちんとしなさいね」などと、つい干渉しがちです。しかし、言われる側の子どもにしてみればうんざりです。自分は信用されておらず、「ちゃんとできるはずがない」と思われているんだと感じてしまいます。

◇励まし

子どもが頑張っていると「頑張ってね！」「きっとできるよ！」といった声かけで励まそうとすることもあるでしょう。しかし、期待が強く伝わりすぎても、結果を求められているとプレッシャーを感じたり、押しつけがましく感じて反抗されることもあります。

これが悪化すると、「初めからやる気を出さないほうが楽」という価値観を持ってしまい、やる気のない子になってしまうことさえあります。

心配を口に出すことの悪影響

前節でも少し触れましたが、親が子どもを心配するのは当然のことです。

しかし、心配という感情は不安や緊張、ストレスの元であり、それを子どもにそのまま伝えるのは、子どものためを思うと決してよいこととはいえません。どんなに心配な気持ちを伝えたところで、子どもを元気にすることはできず、かえって不安な気持ちにさせてしまいます。

親の心配が子どもに残念な影響を及ぼす例を挙げます。

●こんなに繰り返し心配される自分は信用されていないと感じる。

●自分がダメな人間だから心配されるんだと自信をなくす。
●親の不安な気持ちに巻き込まれて、子どもの不安や緊張が増す。
●子どもが無意識に親の心配した通りの結果にしようとする。
●子どもに無意識の抵抗が起こり、親をガッカリさせる行動をとる。

最後の2つは少し説明が必要かもしれません。

まず「子どもが無意識に親の心配した通りの結果にしようとする」のは、普段から過干渉、過保護で育ってきた子どもに多い行動です。そういう子どもは、親に「親」という役割を与えてあげるために、無意識に「子どもの役割」を演じるようになることがあります。子どもの役割として、親に「ほらね、やっぱり親の心配は的中した」と言わせて、ともに落胆する感情を共有しようとするのです。

次の「子どもに無意識の抵抗が起こり、親をガッカリさせる行動をとる」

は、要は「心配してるならさせてやるよ」ということです。人は本能的に「自分のことは自分で決めたい」と思っていて、「自由を制限されると反発し、より自由に執着する」と言われています。「禁止されるとかえってやりたくなる」という心理がこれです。心配は、裏を返せば「失敗するな！」という強い命令ともいえます。失敗を禁止されることで反発が起こり、「失敗する」という逆の行動を起こすのです。

普段から「あなたは大丈夫」というメッセージを伝えよう

親も、不安な気持ちを自分で背負いきれず、子どもに伝えることで自分の不安を解消しようとしている場合があります。

また、愛情表現を素直にできない人は、心配を口にすることで相手を大切に思っていると伝えようとすることもあります。

こうした自分都合で子どもに「心配」を伝え、その結果子どもに悪い影響を与えたとしたら、これほど残念なこともありません。

思うのは自由ですが、「どう行動するか」が大切です。子どもに勇気を与えて物事をうまく進めさせてあげたいなら、そうなるように行動しましょう。

そのためには、**普段から心配を軽々しく口にせず、「あなたは大丈夫」「あなたを信頼しているよ」というメッセージを積極的に伝えていきましょう。**

9 間接的、婉曲な言い回しはやめ、ストレートに表現する

よく言われることですが、子どもの叱り方で、「誰々に叱られるよ」という言い方はしてはいけないことです。誰かの権威を借りて子どもをコントロールしようとすると、その人が見ていなければOKというふうに子どもは思いますし、親の権威も失墜します。

子どもがやってはいけないことをしているのであれば、なぜやってはいけないのかその理由とともに、「してはいけません」とシンプルに伝えましょう。

他にも、含みを持った言い方や嫌み、皮肉などで子どもの行動を促そうと

するケースは多々あります。

いずれも子どもには意図するところがきちんと伝わらなかったり、「嫌な感じ」と受け止められて親子のよい関係を損なうことにもつながります。

以下に例を挙げますので、気をつけてみてください。

◇他人を引き合いに出す

「〇〇ちゃんは帰ったらすぐに宿題するんだって」

こういう言い方をするとき、親はたいてい言外に「〇〇ちゃんと同じようにあなたもやってほしい」という思いを込めています。しかし、言われたほうはただの世間話か、自分に対する嫌味にしか聞こえません。その言葉で子どもが奮起するのを期待するより、直接的に言うほうがよいでしょう。

◇主語を自分ではなく「あなた」にする

「ママは困らないけど、あなたが困るよ」と言って、子どもに「困らないから大丈夫！」と言い返された経験はありませんか？　それでイラッとしても子どもを責めるわけにもいきません。子どもにこうしてほしいと思っているのは自分ですから、ちゃんと自分を主語にして「あなたが困るとママは悲しいから、やってほしいと思う」と伝えましょう。

◇「しなくていい」と言って煽る

怒りや悔しさを煽って奮起させようと、「好きにすれば」「別にしなくてもいいわよ」「できないからやらないんだもんね」などと言って子どもを動かそうとするのもよくありません。「じゃあやるよ！」と行動したとしても、そんな言葉をかけられたことへの怒りは消えません。やはりストレートに「ママはあなたにこうしてほしい」と伝えましょう。

◇無言で圧力をかける

子どもが思っている通りにしてくれないと、何も言わずにため息をついたり、無視や冷たい対応をして操作しようとすることがあります。これはもうハラスメントですから、絶対にやめてください。

10 言っていることとやっていることが違っていませんか？

親が子どもに言うことが毎回違う、言っていることとやっていることが違う、矛盾する。これも子育てでは、「やってはいけない」ことです。

子どもは親の「これはしていいよ」「これはしてはいけないよ」という言葉を頼りに生活しています。

ですので、親の都合で言うことがブレてしまうと、子どもは、「今回はどうすればいいのかな？」と混乱して、動けなくなってしまいます。

「前にママが言った通りにしたのに叱られた」となると、混乱するばかりでなく、不満がどんどんたまります。

小さい頃は言うことを聞いていても、小学校の高学年になる頃には、「どうせ親の気分か都合でしょ」と大切なしつけが耳に入らなくなります。

また、子どもは大好きな親に叱られたくないので、親の顔色を見て行動するようになります。

そのように育った子どもは、行動の「正解・不正解」の答えを、自分の中ではなく他人の顔色に求めるようになります。もしかすると、頭では「悪いこと」とわかっていながら実行してしまうようになるかもしれません。

子どものしつけで大切なのは、「ブレないこと」

自分では意外と気づきにくい矛盾の例を挙げます。

- 「（弟妹など）小さい子には優しくしなさい」と注意するのに、親が子どもを叱るときは厳しい口調で注意したり、叩いたりする。
- 普段は「体に悪いから早く寝なさい」と言うのに、テスト前に早く寝ようとすると「勉強大丈夫なの？」などと咎める。
- 「スマホやゲームばかりしていちゃダメ！」と言うのに、親がゆっくりしたいときには、子どもがスマホやゲームをしていても見て見ぬふりで注意しない。

これらはダブルバインド（二重拘束）といい、矛盾した2つの命令を出しています。

矛盾している2つの命令に同時に従うことは困難で、指示を受けた側は混乱してしまいます。そればかりでなく、日常的に繰り返されることで精神疾患を招く恐れもある深刻な問題です。

もし心当たりがあれば、今後は矛盾したことを言ったりしたりしないよう、注意してください。

子どものしつけで大切なのは、「ブレないこと」なのです。

第4章
「言うことを聞かない子」の行動を変える言葉かけ

この章では、「子どもの困った行動」への対応を紹介しています。「○○してはダメ！」と言っても、子どもはなかなかやめてくれません。そんな「言うことを聞かない子」が、注意しなくてもその行動をしなくなるようなかかわり、言葉かけについてお話しします。

1 子どもがウソをつく

子どもがウソをつくとき、どんな理由があるのでしょうか。

人がとるあらゆる行動には理由があります。大別すれば、メリットを手に入れるため、もしくはデメリットを回避するためですが、子どもがウソをつく理由はほとんどが後者です。

子どもにとってのデメリットとは、叱られること。お母さんに「宿題した？」と聞かれた子どもが、していないのに「宿題した」と答えたり、「これ、壊したの誰!?」と聞かれて、自分が壊したのに「知らない」と答えたりするのは、自分の心と体を守るため、叱られるのを回避したい一心なのです。

子どもがウソをつかなくてもよくなる関係を築く

重要なのは、ウソをつかないようにすることではなく、子どもがウソをつく必要性を感じないようにすることです。

そのためには、子どもとの「信頼関係」を築き、「安心感」を与えることが重要です。

子どもを叱るときは、次のことに気をつけてみてください。

❶感情的にならない。

❷子どもが避けたくなるような罰を与えない。

❸過去の失敗を引っ張り出して叱ることはしない。

子どもがウソをついたら

「ウソついたらダメでしょ！」
と厳しく叱る

「たとえ怒られるとしても
ウソは言わないようにしよう」
と感情的にならずに、静かに諭す

ポイント!

大人から見て「なぜそんなウソを？」と思うようなことでも、子どもは必要性を感じてウソをついています。基本的には自分の心身を守るためです。まずは子どもが親に対してウソをつく必要性を取り除くことが大切です。ポイントは子どもがウソをついてでも自分を守りたくなるような叱り方をしないこと。家庭でのウソが減り、素直に話す習慣がつけば、自然と外でもそのようなコミュニケーションがとれるようになります。

2 よその子を叩いた

すぐ手が出るのには様々な理由がありますが、代表的なのは次の2つです。

❶自分の感情を表現する方法がわからない。
❷手を出したことで何か成功体験があった。

いずれにせよ、子どもが暴力をふるわなくて済むように普段からかかわっていくことが重要ですが、ここではまず「手を出したそのとき、その場」での子どもへの対処の仕方についてお伝えします。

そのとき、その場での対処の仕方

まずは、手を出された子の安全確認をします。そのあと、手を出した子に対処します。

大切なのは、手を出した子をその場ですぐ叱らないことです。特に感情的に叱ると、叱られた子どもは嫌な気分になり悪循環です。

手を出した子に対して第一にすることは、その子のそばでしゃがんで目線を低くし、その子の両手を握ること。そして、子どもの目をしっかり見ながら静かに話しかけてください。

話すのは、「叩かれた子は痛い」「痛くなくても、人を叩くのは悪いことで、してはいけない」「大好きなあなたが人を叩いて、お母さんは悲しい」ということです。悲しい気持ちが伝わるように真剣に話します。

そのあと、「まずは『ごめんなさい』しなさい」と、叩いた相手に謝罪をさせます。本人がもし言い訳をしても、「まずは謝ることが大事。どんな理由があっても手を出すことは絶対にしちゃいけないこと」ときっぱり言い切ります。

ちゃんと謝ることができたら、叩かれた子を慰めた上でその子のお母さんに託し、叩いた子どもと２人きりになれるところに移動します。

これは、２人きりの場所で叩いた理由を聞いてあげるためと、叩いた子のケアが叩かれた子への当てつけのように見えなくするためです。

２人きりになったら、叩いた子どもから理由を聞いてあげます。その内容には反論せず、共感します。

最後に、「あなたの気持ちはわかったけれども、叩くのは絶対にダメ」ということを強調して終わります。「あなたが誰かに叩かれて痛い思いをするのも、あなたが叩いた誰かが痛い思いをするのも、お母さんはすごく悲しい。

だから、叩かないと約束してね？」と話します。

子どもが手を出したとき

✕
その場で
「何やってるの！　謝りなさい！」
「自分も痛い思いをしないとわからないの？」などと強く叱る、
叩くなど罰を与える

〇
その子と2人きりになれる場所で、
「叩かれたら痛いからやめてね」
「あなたが人を叩くのも、叩かれるのもお母さんは悲しい」と伝える

ポイント！

手を出した子どもを強く叱ったり、叩いてしつけることは逆効果です。そのことで子どもの心には嫌な気持ちがたまり、それがまた暴力になって表現されます。「叩く」はとっさの感情的な行為です。子どもが手を出さないようになるまで、何度も根気よく伝えていく必要があります。子どもが大きくなっても手を出すことが継続されると大変です。早めに対応していきましょう。

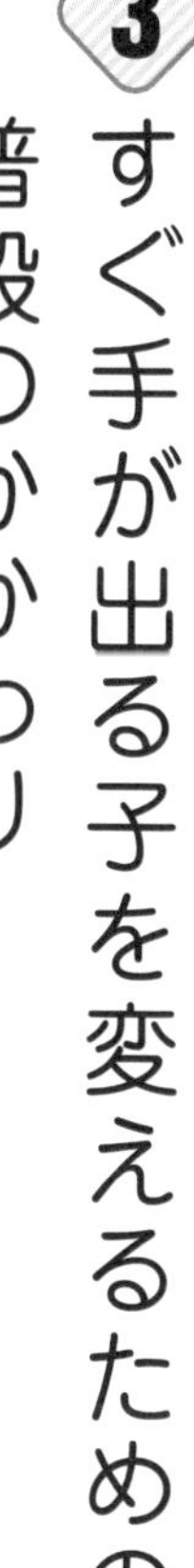

3 すぐ手が出る子を変えるための普段のかかわり

前節で、すぐ手が出る理由として、①自分の感情を表現する方法がわからない、②手を出したことで何か成功体験があった、の2つを挙げました。

これらは普段のかかわりで改善していくことができます。

❶「自分の感情を表現する方法がわからない」場合のかかわり

伝えたいことや思っていることがあるのに、それをどう表現したらいいかわからず、手が出てしまう状態です。

子どもが自分の気持ちを伝える方法を学べるように、普段から次の3点に気をつけて接してください。

❶子どもに対して丁寧に説明する。
❷子どもの話を遮らず、最後までよく聴く。
❸子どもが自分の気持ちを上手に話せるように教える。

子どもが手を出してしまうシチュエーションでよくあるのは、おもちゃの取り合いです。そこで、先の3点に留意してお母さんと子どもとで「おもちゃの貸し借りごっこ」をしてみましょう。

お母さんは、「○○ちゃん、××を少しだけ貸してもらってもいい？」と名前を呼んで声をかけ、「何を」「どれくらい」「どうしたいか」を伝えます。

子どもが黙っていたら、「嫌かな？　嫌だったら、『今は使っているから貸したくない』とか、『今は使っているから貸せないよ』って言ってくれるかな？」と、子どもの気持ちを確かめて、どう言えばいいのかを教えます。

質問に対して子どもが「うん」だけだったら、「うん、いいよって言ってほしいな」と伝えます。

このようにして、子どもが使えるセリフを増やしていきます。

指で指し示すなど非言語的表現やボディランゲージで意思を伝えてくるときは「お口（言葉で）で教えて」と優しく言ってあげてください。

❷「手を出したことで成功体験があった」場合のかかわり

たとえば「相手を叩いたらほしいものが手に入った」「かまってほしいときに叩いたらかまってもらえた」などの体験があると、たとえ怒られるというリスクがあっても、手を出すようになります。

こういった場合はまず**「叩いても思い通りにならない」ことを教えてあげましょう。**

ほしいものがあると親を叩く子もいます。叩かれた親が子どもの気持ちを察してほしいものを渡してしまうと、まさに成功体験になってしまうので、絶対にしてはいけません。

①の例と同じように優しく丁寧に、「痛いから叩かないでね。どうしたのかな？」と正しい伝え方を教えてあげてください。

子どもが手を出しそうになったら

普段から、子どもが手を出す前に止めることも訓練として重要です。お友達とおもちゃで遊んでいるときなどには注意して見守り、手を出しそうになったら次のように対応しましょう。

①手が出そうなシチュエーションでは子どもの横、あるいは後ろについていて、手が出そうになった瞬間にバッと両手を抑えるか、体を抱きしめて抑えます。

②間髪入れずに「えらいね～よく我慢したよ、ママ嬉しいな」と、穏やかなゆっくりした口調で、ささやくように繰り返してください。**子どもが自分で我慢したという「前提」で言います。**

③子どもが少し落ち着いたら、「貸してって言おうか？」と提案するなど、正しい気持ちの伝え方を教えます。「叩いちゃダメだよ」とは言わないでください。子どもに〝穏やかな自分〟を印象づけます。

④子どもが言葉でちゃんと言えたら、他の人には聞こえないように耳元で「そうそう、おりこうさんだねぇ、優しいねぇ」と大絶賛してあげてください。

手を出す子との普段のかかわり方

手を出す子どもの気持ちを
大人が察して対応してあげる

手を出す子どもに、
正しい伝え方で成功体験を
積ませてあげる

ポイント!

手を出す行為に対しての代替行為が必要です。手を出しそうなシーンでは優しく、正しい気持ちの伝え方を繰り返し教えてあげてください。

兄弟げんかへの望ましいかかわり方

暴言や暴力が飛び出さない限り、基本的に兄弟げんかには口をはさみません。

兄弟姉妹間のけんかは「自己主張」と「他人との折り合いのつけ方」の訓練の場です。トラブルのあとに関係性を修復する方法（謝る・許す）も学べます。

けんかを経験して、けんかにならないためのコミュニケーションを学ぶこともとても大切です。

このように、兄弟げんかは学びの場ですが、暴言と暴力はしつけるべきことです。どんな理由があっても、暴言や暴力は肯定できるものではないので注意します。ただし、けんかの理由は問いただしません。

子どもが言いつけにきたら

兄弟げんかが始まって、自分が不利だと感じた側が親に言いつけに来ることはよくあります。そういうときは親としてどうすればよいでしょうか。

AくんがBちゃんにおもちゃを取られたとけんかをしているケースを想定してみましょう。

Aくんが「Bちゃんが取った！」と言いつけに来たら、「そっかぁ」とまずは受け止めます。そしてAくんに「どうしたいの？」と静かに聞きます。

Aくんが「返してほしい」と言ったら、「じゃあ、『僕が使うから返して』って優しく言ってみて」と言って帰します。

片方が言いつけに来ると、もう片方はその様子をうかがっていることがよくあります。

Bちゃんが A くんとお母さんのやりとりを見て、平等に接してもらっていると感じられれば、A くんの「返して」に素直に応じるかもしれません。

兄弟げんかでは、仲裁に入る必要も、どちらが悪いと決める必要もありません。けんかを通じて「正しいやりとりの仕方を学ぶ」ことが大切です。

深刻に考える必要はありませんが、無視するということではありません。温かく見守り、ときにはフォローに入るということです。親がどちらかを悪いと判定すれば、どちらかが傷つきます。嫉妬心で兄弟間の仲が悪くなることもあり得ます。

兄弟はお互いが大切な存在です。人生で、最も長く助け合えることができるのは親ではなく兄弟です。どちらが悪いかを判定しないリスクよりも、兄弟間の中をこじらせていくリスクのほうがはるかに大きいのです。

兄弟げんかへの対応

「どっちが悪いの？」
「○○くん、謝りなさい！」と
どちらかの味方につく

「どうしたいのかな？」と
冷静に話しかけ、
自分達で解決できるよう促す

ポイント！

兄弟げんかにかかわるとき、親がイライラ怒っていると、その雰囲気に引っぱられてけんかもエキサイトしてしまうことがあります。どちらが悪いのかを判断するのではなくて、子ども達が必要なコミュニケーション能力を身につけること、そして、兄弟が仲よく過ごしていけることを意識してかかわりましょう。ただし、暴言と暴力に対しては適切なしつけが必要です。

5 いつまでも宿題をしない

基本的に私は「学校から帰ってきたらすぐに遊んで派」です。なぜなら、子ども時代はとても短いからです。無邪気にたくさん遊べる今がどれだけ尊い時間なのか、子ども自身は知るべくもありません。

また、大人の会社生活と同様、学校生活はやはり疲れるものです。それなのに、帰宅後すぐ「宿題しなさい」では、子どもだってうんざりします。

そんな子どもの気持ちを理解して、まずは朝、気持ちよく送り出すところから始めてください。そして、学校から帰ってきたら大歓迎してあげてください。

自分から宿題に取り組む子にするには

朝、気持ちよく学校に送り出し、帰ってきたら「おかえりー！」と気持ちよく迎える、この2つは大前提です。そのあと、次のステップを踏みます。

①「何か飲む？」などちょっとおやつをあげたり、会話するなどして楽しい時間を数十分一緒に過ごす。

②できれば子どもから行動するのを待つのがベストですが、「さ、宿題やろうか？」と優しく声をかける。

ここで、「宿題は？」と尋ねることはしません。その言い方には、「どうせ言わなきゃやらないんでしょ？」という、子どもを信用していない気持ちが含まれているからです。子どもはニュアンスを敏感に感じ取り、反発します。**「さ、やろうか？」と声をかけてもグズグズして動かなかったら、「さぁ、やるよ！」と子どもの手足をとり、操縦するようにして一緒にランドセルのところに行きます。子どもとのスキンシップをとり、ふざけながら宿題に誘導するのです。**

これを楽しくやれるかどうかで勝負が決まります。うまくいけば、子どもは笑い声を上げてくれるでしょう。「やだー、やめてよー」などと言いながらも楽しそうではないでしょうか？

楽しい気持ちで勉強を開始すれば、勉強の印象もよくなります。

宿題を始めたら、答えが間違っていても絶対に干渉せずに、ニコニコ顔でいてください。「終わったー！」と子どもが言ったら、「よくやったね！」とたくさんねぎらってあげてください。

こんな感じで続けていけば、いつのまにか自分から宿題をするようになります。自分でするようになるには、いかに「忍耐強く続けられるか」ということと、どれだけ「大げさに喜んであげられるか」がポイントです。

すぐに宿題をしてほしいなら

「どうせ言わなきゃ
やらないでしょ」
などと思いながら、
咎めるように
「宿題は？」と声をかける

何の含みも持たず、
「さ、やろうか？」と
スッと声をかける

ポイント！

勉強にかかわるときに、親が怖い顔をしていたり、イライラしていると、そのイメージと勉強がリンクしてしまいます。嫌なイメージが勉強についてしまうと、子どもは当然やりたくなくなるので、勉強にかかわるときは、大げさなくらい明るく、楽しくかかわってください。

寝る間際になって宿題を始める

宿題はしてほしいけれども、そろそろ寝る時間になってからやり始めたりするのは、体のことを考えれば心配ですよね。「なぜもっと早くやらないの！」と叱っても、なかなか改善されないなら、次の方法を試してみてください。

普段、「なんでもっと早く宿題をしなかったの⁉」などと叱っているなら、**いつものパターンを真逆のパターンに変え、宿題していることを喜びます。**

「こんなに遅くなっても絶対に宿題をするなんてえらいねー！」

嫌味ではありません。愛しい気持ちで子どもを見つめながら、心から感心してください。

もし子どもが、「何それ？　嫌味？」とひねくれたら、ビックリした表情で、「えー、どうしてそう思うの？　違うよ、本当にえらいなぁって思ってるんだよ」と真剣に答えます。そして、温かい飲みものなどを差し入れしてあげます。

宿題が終わったら「お疲れさま！　えらかったね！」と、また気持ちよく声をかけてあげます。

ギリギリにならないと宿題しないことを責めるのは、終わってしまった過去について責めるということです。責めてももうどうにもなりません。

それよりも、**「今、宿題をしていること」に注目しましょう。**

親の対応が変わって1週間もすれば必ず、子どものセリフや行動も変わってきます。

夜遅く宿題を始めるのをやめさせたいなら

「なぜもっと早くやらないの！」

「こんなに遅くなっても絶対に
宿題をするなんてえらいねー！」

ポイント!

ここではまず、いつもの流れを断ち切ることに重点を置きます。たとえばいつも①子どもが宿題するのが遅い→②親が指摘する→③その指摘に子どもが怒る→④親も怒る、といった流れなら、②で指摘するのをやめるか、指摘ではなく宿題をしていることを認めてあげましょう。すると、③以降の展開が変わってきます。また、過去を責めないこと、「今起こっていること」に注目するのもポイントです。

テストの結果や学校からのお知らせを見せない

子どもとのやりとりの悩みでは、「学校からのお便りを出してくれない」とか、「点数が悪いテストを見せない」という相談もよくあります。

そんなお母さんには、子どもからのコミュニケーションに対してはどんなことにも「嬉しい！」と喜び、「ありがとう！」と感謝するようお願いしています。

私達は自分でも気づかないうちに、自分にとって価値のないコミュニケーションにはそっけない対応になっていることがあります。

子どもがその辺の何の変哲もない石を拾って「見て見て！」と持ってきたとき、あなたはどんな反応をしているでしょうか。

また、あまりよくないテストの結果を見たときはどうでしょう。呆れたり、叱ったり、子どもにとって不快な対応をしているのではないでしょうか。

このように、親の反応が薄かったり、嫌なものだったりすると、当然子どもは「親が喜ぶものは見せる」「親が喜ばないものは見せたくない」と思うため、親に報告することとしないことができてきます。

これはウソや隠しごとなどにも発展してしまう可能性があります。

どんなことでも「報告する」行為が子どもの目的になるために

大人でも、自分の話や見せるものを嬉しそうに聞いてくれる人には、何でも話したくなります。この「何でも話したくなる」関係が人間関係においては理想の関係です。

学校からの連絡、どこかで拾ってきた葉っぱや石、ちょっと残念なテスト。**子どもが何を持ってきても、どんな話でも、ニコニコしながら「ありがとう！」「嬉しい！」と答えてあげましょう。すると子どもは、お母さんに報告すること自体が喜びになり、目的になります。**

子どもが持ってきてくれたもの、預かったものは、大切に箱やファイルにしまいましょう。

テストは0点でも100点でも、同じ態度で受け取り、「見せてくれてありがとう！」と大事に保管します。なお、喜び方は同じでも、100点のテストだけ別ファイルにすると子どものやる気につながります。

子どもの落書きなども喜んで保管します。

このようなかかわりを続けることで、子どもは親からの愛情を感じ、何でも話してくれる子になるのです。

悪い点数のテストを持ってきたとき

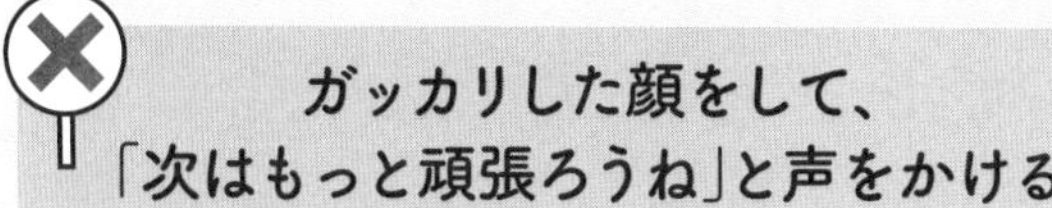

見せてくれたことに対して
「ありがとう！」と嬉しそうに言う

ポイント!

子どもにとって、自分からのコミュニケーションに親がいつもニコニコ対応してくれると、安心と愛情を感じます。「どんなことでも報告する」のはとても信頼のある関係だからできることで、親子関係の基本です。

散らかしっぱなしで片づけられない

第1章で、いくらお母さんに叱られても片づけなかったHくんの事例をお話ししました。

いつも同じことをガミガミ言いすぎると、子どもは精神的に耳を塞いでしまいます。お母さんが何を言っても届かなくなります。

そんなときはまず、**これまでの関係をリセットするために、いつも叱るシーンで叱らずに我慢してみてください。**散らかしたおもちゃなどはそのままにしておくか、邪魔なようなら一定のゾーンに集めておきます。

1週間ほど経過したら、おもちゃを使い終わった頃合いを見て声をかけます。**幼児に対するようなイメージで「さあ、お片づけしようか」と、叱らず、命令もせず、促すような言い方をします。**

ここでほんの少しでも、出したものを元に戻すなどの行動が見られたら、**「ちゃんと片づけたね、ありがとう！」と子どもの行動を認めましょう。**子どもが本来はやりたくないし、やる必要を感じていない「片づけ」をやるのですから、とてもおりこうさんで、ありがたいことなのです。

子どもに片づけをさせるときの流れ

子どもが片づけるそぶりを見せず別のことを始めたりグズグスしていたら、「今、やってることはあとどれくらいで終わる？」と聞きます。

たとえば「30分くらい」と返事をしたら、「じゃあ、それが終わっても終わらなくても、あと40分したら片づけしようか」と約束します。

時間になっても始めなければ、「さぁ、片づけるよ」と声をかけます。決して怒りを滲ませず、明るい声で促すことを心がけてください。

子どもが「もうちょっと待って」と言ったら、「どれくらい？」と尋ね、先ほどと同じように10分ぐらいの余裕をもって、「じゃあ、○分ね。次は待てないよ？」と宣言。1回は猶予をあげます。

時間になっても始めないようなら、「あと10分待ちます！」と言ってタイマーをかけます。そして、タイマーが鳴る10秒前からカウントダウン。「10、9、8、7……」

すると、たいていの子どもはタイマーが鳴った瞬間に慌てて動き出します。遊び感覚で結構楽しそうです。お母さんも楽しそうに、「えらいじゃない！」と言ってあげてください。

片づけさせたいとき

怒った声で「片づけなさい！
何度言ったらわかるの！」

明るく楽しく「さぁ、やろう！
片づけターイム！」

ポイント！

片づけができる子にするためのかかわり方のポイントは、①ガミガミ言わず、楽しく明るくかかわる、②誘いかける、③「あとで」と言うようなら時間を決める、です。

9 忘れものが多い

子どもの忘れものや失くしものが減らないという相談を受けたときには、まずその子が精神的に安定しているかどうかと、発達上の特性がないかどうかを確認します。

「学校でつらいことがあった」「何か不安なことがある」「家族の関係がとても悪い」などの理由で、子どもが精神的に不安定になっているときは、子どもにとってつらい状況を取り除くことや、家庭環境の改善が最優先になります。結果的には、それが忘れもの・失くしものを減らすための一番の近道です。

特性の影響が大きいようなら、子どもに忘れものをしない努力をさせるよりも、忘れものをしないで済むような工夫を子どもと一緒に楽しく考えるほうが子どもにとって有意義であり、心と脳の健康と成長にもつながります。

「自分でできるしっかりキャラ」として扱う

ストレスがある、発達上の特性がある、この2つのどちらにも当てはまらない場合に、次の方法を試してみてください。

子どもが時間割に合わせて明日の準備をしているとき、「終わったら教えてね」と声をかけておきます。

呼ばれたら「どれどれ～？」といたずらっぽく見に行き、時間割に合わせて持ちものをひとつずつ読み上げ、ランドセルに入っていたら「よーし！」と確認します。楽しい雰囲気で行います。

入っていないものがあったとき、子どもが自分で気づいて入れたら、最初から入っていたかのように「よーし！」と確認します。**大事なのは、「入れ忘れを印象づけない」ことです。**

子どもが自分で気がつかなかったときは、時間割表の当該科目や、連絡帳などに書いてあることを指差します。それで子どもが気づいて用意をしたら、やはり「○○よーし！」と確認します。ここでも絶対に、入れ忘れを印象づけません。

子どもが入れ忘れに気づかなかった場合は、ランドセルのふたを閉める前に、「さて、あとは何もないかな？　考えてみよう！」と一緒に考えます。子どもが「あ、そうだ」と思い出して用意をしたら、これまで通り「○○よーし！」と確認します。お母さんからは言いません。

朝になって急に必要なものに気づいても、「忘れていたことを印象づけない」ことを守ってください。決して焦らず、自然な流れでのんびりと用意しましょう。

学校から帰ってきたら、気持ちよく迎えます。

「今日こんな忘れものをした」と子どもが報告してきても、「そうなの」と咎めずに受け止めてください。一方、「今日は忘れものしなかった」という話には、「えらいね！　ちゃーんと用意してたもんね！　○ちゃんはしっかりしてるよ！」と「しっかりキャラ」のイメージを強調します。

しばらく翌日の準備にこのようにしてつき合い、**忘れものをしない「しっかりキャラ」を定着させていきます。**するとと、数か月後にはちゃんとできる子になっています。

忘れものをしなくなるには

「忘れものない？」と
忘れものをするキャラクターを
定着させてしまうような言葉かけ

「準備万端だね！　いってらっしゃい！」と「しっかりキャラ」を
定着させる言葉かけ

ポイント!

まずは、外的要因であるストレスと、努力で対応できない要因（特性など）がないかを判断します。

それらがなければ、「忘れものをする自分」というイメージが強化されてしまうかかわりをなくし、「忘れものをしない自分」というイメージを子どもが持てるような言葉かけを意識します。

そして、忘れものをしないための準備を自らやれるように、一緒に楽しく用意をしましょう。

10 ヘリクツを言う

ああ言えばこう言う、子どものヘリクツに悩まされるお母さんもたくさんいらっしゃいます。

子どもはどんな流れでどんなヘリクツを言ってくるでしょうか？　２つ例を挙げますので、共通点を探してみてください。

①お母さん「好き嫌いしないで何でも食べなさい」
　子ども　「何でもって、ゴミまで食べれないでしょ！」
②お母さん「ゲームばっかりしてないで、早く寝なさい」

子ども　「お母さんだってスマホばっかり見てるじゃんか！」

いかがでしょうか？　この2つの例に出てきたお母さんの言葉は、どちらもまず子どもを否定して、上から命令しています。

子どももきっとカチンときて、ヘリクツで応えてしまうのでしょう。

ヘリクツを言わせないコツ

子どもにヘリクツを言わせないようにするには、2つのコツがあります。

まず、否定的な言葉を使わずに、伝えたいことのみに絞って伝えましょう。

たとえば①なら、「好き嫌いしないで」は言わなくていいでしょう。子どもがニンジン嫌いで残したのなら、「ニンジンも食べてほしいな」と端的にお願いします。

②も、「ゲームばっかりしてないで」は言わなくてもよいことです。「そろそろ寝ようね」とだけ言えば、ヘリクツは返ってこないかもしれません。

２つ目のコツは、可能な限り「あいまいな表現」を避けることです。子どものヘリクツが入り込む隙を減らします。

①は「何でも」と言ったことで「ゴミでも」というヘリクツが引き出されました。

②も「早く」と言うよりは、「今から」とか、「○時までに」と具体的に言うと、やはりヘリクツの入り込む隙が減ります。

それでもヘリクツを言われたときの対応

それでも子どもがヘリクツを返してくるようなら、親は子どもにお手本となる対応を見せます。

基本はヘリクツの反対で〝素直〟に返すことです。子どもが「何でもって、ゴミまで食べられないでしょ！」と言い返してきたら、ニコニコと受け止めて、「そうだねぇ。ゴミは食べられないねぇ。このニンジン、ママ頑張って美味しくつくったから食べてみて」と優しく素直に返します。

「お母さんだってスマホばっかり見てるじゃんか！」と言われたら、子どもにはそう見えたのかもしれません。「そうか、そうだね。気をつけるね」と謙虚に受け止めます。

まずは親から不毛な言い合いの場から降りて、スムーズな会話のお手本を見せてあげてください。

お母さんの言葉と態度から、子どもは素直になることの大切さを学ぶことでしょう。

ヘリクツを言わなくするには

「ヘリクツばっかり言わないの！」
と子どものヘリクツと戦う

「そうだね。
お母さんも気をつけるね」と
素直な返答のお手本を見せる

ポイント!

どんな行動も、「やめなさい」と言うだけでやめさせるのは難しいものです。それは大人も同じです。何かをやめるときは、代替行動（やめる行動の代わりになる行動）があるとてもスムーズです。たとえばヘリクツの代替行動は、素直な返答です。ヘリクツが自分の気持ちを最も素直に伝えられる言葉であることはまずありません。子どもが普段から自分の気持ちを素直に伝えられるようにかかわることで、ヘリクツはグッと減ってきます。

11 忙しいときにかまってほしがる

子どもは忙しいときに限って「ねぇねぇ、聞いて〜。今日さぁ」とか、「これ見て！」などと言ってくることがあります。

お母さんの注意が自分以外にあると、つまらないのでしょう。

お母さんも時間に余裕があるときは「可愛いなぁ」と思えるでしょうが、忙しいときはそうも言っていられません。

きつい口調で、「あとにして！」などと言ってしまうこともあるでしょう。

それは仕方ないことではありますが、子どもの「かまって」という要求を断り続けていると、子どもは諦め、いずれ要求しなくなります。

その親子関係は、あまりよい状態とはいえないでしょう。

そうならないように、子どもが「かまって」と言ってきたら次の３つの方法のどれかで対応してあげてください。

子どもに求められたら、今すぐか、約束してあとで対応する

◇①手を止められそうなとき

やっている作業などの手を止められるなら止めて、子どもに対応します。

◇②今すぐの対応は無理なとき

丁寧な言い方で、「それ、今すぐのことかな？」と聞き、そうではなかったら、「ごめんね。今、○○してるから、○時まで待ってもらっていい？」と聞きます。決して忙しさをアピールするような慌てた口調で話さないようにしてください。口調がきついと子どもに「迷惑だよ」というメッセージが届いて

しまいます。

約束の時間になったときには、まだ忙しくても、少し無理して手を止めてあげられるといいです。その「約束を守る」姿勢の蓄積が、子どもからの信用を獲得します。子どもとの信頼関係を築くことができれば、本当に無理なときにはお母さんのお願いを聞いてくれるようになります。

◇③今すぐ対応はできないが、子どもがどうしてもというとき

子どもに「今すぐ」と言われても、応じられないほど手が離せない状況なら、「ごめん！　本当にごめん！　ちょっと待って！」とお願いします。用事を終えたあとで、「さっきは本当にごめんね。聞かせて」と寄り添います。子どもがスネて、「もういいよ！」と言われたら「ごめんね。ママ聞きたいから教えて」と謙虚に言います。

忙しいのに子どもがかまってほしがったとき

イライラと「今忙しいの！」

優しい笑顔で
「何かな？　できれば○時まで
待ってもらってもいい？」

ポイント!

子どもが、お母さんが忙しいときにかまってほしがるのは、自分に注目してほしい気持ちの現れです。できれば手を止めて相手をしてあげたいところですが、理由を話し、約束の時間を伝えて、あと回しにしてもらっても構いません。理由も言わずに邪険に扱うと、当然子どもは傷ついてしまいます。

12 夜更かしをやめさせる

子どもはどんな理由で夜更かしをしていますか？　ゲーム？　スマホ？　それとも親と一緒にボーッとテレビを見ていますか？

親としては、何時頃に寝てほしいなぁと思っていますか？

眠る1時間前には、スマホやパソコンのモニターから出ているブルーライトの刺激は避けたほうが、質のよい睡眠を得られると言われます。

子どもが自分の部屋で遅くまで起きている場合は、まずその原因となっていることを知り、ルールを決めなければなりません。

寝るまでのスケジュールを決める

①夕方以降から、就寝時間までのスケジュールプランを子どもと一緒に考えます。

「ママは〇時には消灯して、〇〇ちゃんに眠ってほしいの。だから、逆算してスケジュールを立ててはしいの」と言って一緒に考えます。

前提として、消灯時間の1時間前にはお風呂や歯磨きなどを済ませ、布団に入ればよいだけの状態になっていること。消灯時間までの1時間は自由時間とすること。ただし、「眠る1時間前からはパソコンやスマホ、ゲームをするのは睡眠によくないから、それまでにはやめるようにしようね」と話します。子どもが嫌がったら、子どもの言い分も聞いて、30分ぐらい前までに譲歩するか、最初から余裕を見て「90分前にはやめておこうね」と言って、子どもの言い分を取り入れられるようにします。

②子どもが立てたスケジュールプランで問題がなければよし、余りにもズレていたら、子どもの意見を聞きながら調整して、折り合いのつくところを見つけましょう。

③一緒に決めたスケジュールを、楽しみながら大きな紙に書きましょう。

④時間ごとにタイマーが鳴るようにセットをしておきます。鳴ったら子どもに自分で止めさせます。

⑤眠る30分～1時間前に子どもとの交流の時間をつくります。一緒にホットミルクを飲む、絵本を読む、今日の出来事や明日の予定を聞くなどおしゃべりをする、興奮しない程度の軽いストレッチをする、足の裏のマッサージのし合いっこをするなど、寝る前の時間が楽しみになるようにします。

⑥消灯10分前になったら、「そろそろ○時だね！」と言って一緒にベッド

に行きましょう。布団に入れたら、「今日も頑張ったね」などと優しく声かけをして、時間になるまでは一緒にいてあげます。

⑦時間になったら、「おやすみ。また明日も遊ぼうね」などと声をかけて電気を消します。

一緒のお布団で眠ってあげる必要はありませんが、小学生までなら、習慣が定着するまでは、子どもが眠りにつくまで横にいてあげて髪を撫でるなどしてあげてもいいかもしれません。子どもの心が安定します。

親といつも一緒にテレビを見ている子は、一人で寝かされると寂しいので、できれば親も同じ時間に消灯できるといいでしょう。

夜更かしをやめさせるには

「もう時間だから寝なさい」
（突き放す感じ、冷たい雰囲気で）

「一緒に寝に行こうか」
（寝るときに一緒の時間を
過ごしてあげる）

ポイント!

夜更かしをやめるのは、大人でもなかなかできません。そして夜更かしはあっという間に習慣になってしまいます。ですが、子どもは親がついているだけで割合簡単にその習慣を取り除き、早く寝るようになります。睡眠時間の確保は生活の基本です。子どものうちによい睡眠の習慣をつけてあげてください。

13 朝起きられない

お母さんをイライラ・ガミガミさせる大きな原因のひとつに、「子どもが朝起きない」問題があります。目覚ましが鳴っても、何度声をかけても、子どもが起きてこないため、お母さんは毎日朝からイライラ・ガミガミしてしまいます。

子どもが朝起きられない原因のほとんどは、「寝不足」「眠りが浅い」ことです。

前節で「夜更かしをやめさせる」ためのかかわりについてお話ししました。

たとえば、お風呂は寝る1時間前には入る、スマホやパソコンも寝る1時間前から見ないなどです。それらがうまくいって夜更かししないようになれば、睡眠の質がアップし、朝も起きられるようになるでしょう。

気をつけなければいけないのは、病気が原因となって朝起きられない場合があることです。**「起立性調節障害」**といって、自律神経の機能不全により、立ちくらみや失神、朝起きられない症状などが出る病気です。軽症例を含めると、有病率は小学生の5％という調査があります（日本小児心身医学学会）。

朝がひどく弱く、生活習慣や甘えなどの精神的なものが原因ではないと感じるのであれば、一度医療機関で診てもらうことも検討しましょう。

子どもが起きる1時間前にはカーテンを開けて朝日を入れる

病気ではなさそうなら、かかわり方を少し変えてみてください。

朝ちゃんと起きられるかどうかは、前日の気分が大きく影響します。朝の

目覚めの準備は、実は前日から始まっているのです。

ですから、毎日子どもが学校から帰ってきたら、最上級に気持ちよく迎えてあげてください。何かイライラすることがあっても、このときは明日のためにニコニコママを演じましょう。

子どもが不機嫌だったら、その不機嫌に巻き込まれないようにしながら、子どもの不満や愚痴を静かに共感して聴いてあげてください。

寝るまでのスケジュールについては、本章12節の「夜更かしをやめさせる」を参考にしてください。絵本を読んだりお話をするなどの、子どもとの交流時間も、よく眠るための人切な要素です。

そして、朝。**子どもが起きる１時間前には部屋のカーテンを開けて朝日を入れるか、部屋の電気をつけてください。**差し支えなければ、リビングのテレビも大きめの音でつけるとよいでしょう。

目覚ましが鳴り続けても、止めはしません。子どもが止めた瞬間、間髪入れずに「おはよう！」と声をかけます。寝直ししようとしたら、できるだけ自然に、「じゃあ、お布団干させてね！」と、「起きて」は言わずに、お布団を干させてもらってください。

そして、朝からテンション高く、楽しく、終始ニコニコして、やいやい言わずに送り出してください。

朝、起きられるようにするかかわり

「もう〇時だよ、起きなさい」
（起きないことへの注意と
子どもが感じる声かけ）

「おはよ〜！」
「お布団干させてね！」
（ひたすら明るく）

ポイント！

前日、気分よく過ごすことが、翌朝のいい目覚めにつながります。朝は、起きる１時間に子ども部屋のカーテンを開けて朝日を入れましょう。

14 生返事ばかりで言われたことをしない

「あとで食卓の上のおもちゃ片づけておいてね」など、ちょっとした指示をすると、「はーい」「わかりましたぁ〜」といい返事。しかし、半日経ってもやっておらず、夕ご飯の時間なのに食卓の上はおもちゃでいっぱい。お皿を並べるスペースもありません。お母さんの怒りが爆発する瞬間です。

「あとで」や「すぐに」と言ったとき、では具体的にはいつかというと、人によって驚くほど感覚が違うものです。たとえば、ゲームで遊んでいる子どもに何かを頼むときのお母さんの「あとで」は「1ゲーム終わったら」のつもりなのに、子どもは「ゲームで遊ぶのに飽きたら」のつもりかもしれません。もっと遅く、寝る前までにという意味かもしれません。

自分がやりたいことはすぐにでもしたいけれど、面倒くさいことはできるだけあと回しにしたいという心理が働いて、「あとで」の感覚が伸びてしまうのもわからなくはありません。

ですので、声のかけ方を変えてみましょう。**コツは「具体的に数字で期限をつける」ことです。**行動を始める時間や、「いつまでに」と終えるまでの時間を指定しましょう。

モチベーションを高めるために仕掛けを工夫する

◇ゲームが終わったらすぐに行動してほしい

まず「そのゲーム、何分にやめる？」と聞きます。許容範囲以内の答えだったら、「わかった！　じゃあ○分までに○○をして、○分までにできたことをママに報告してね！」と言います。子どもの言う時間が許容範囲内ではなかったら、「ん～それではちょっと遅いから、〇分にいったんゲームを止めて、〇分までに〇〇してくれる？　〇〇が終わったら報告して。そしたら、ゲームを再開してもいいよ！」と言います。

◇**「今日帰ったらすぐに〇〇してね！」と伝えたい**

「今日は何時に帰る？　午後4時ね？　じゃあ4時30分までに〇〇をして、45分までにママに『終わりました！』って報告をしてくれたら、好きに遊び始めていいよ！」

終わったら教えてほしいなら、それも約束に入れたほうがいいです。「終わったら言うだろう」も、子どもの常識にはないかもしれません。

◇**「明日、〇〇してね！」と伝えたい**

「明日、〇時になったらスタートするよ！　ママも〇時になったら仕事するから、どっちが先に終わるか、競争ね！」

感覚の違いを正すだけなら時間を指定するだけで十分ですが、行動するにはモチベーションが必要です。**モチベーションを高めるために、さらに仕掛けを工夫してみましょう。**最初は楽しく動いているうちに行動が強化されていき、やがて習慣になります。

「明日、〇時になったらスタートするよ！　ママも〇時になったら仕事する。終わったらママのを〇〇ちゃんがチェックして何点か言ってね。〇〇ちゃんのはママがチェックするよ！　ママは厳しいよ～？　〇〇ちゃんは何点かなぁ？　あー楽しみ！」

言葉かけもいつも同じでは耳慣れしてしまい、効果が薄くなってきます。手を変え品を変えて新鮮さをキープすると興味が持続して次の行動につながります。ぜひ、楽しい印象づけを心がけてください。

必ず実行してもらうには

「あとでやってね」

「〇時までに始めてね！」

ポイント！

「やってほしいママ」と、「やりたくない子ども」の「すぐに」や「あとで」は驚くほど感覚にズレがあります。具体的な時間や回数などを指定してあげるだけで、改善することもあります。
また、何かを習慣にしたいときは「いいイメージ」が大切です。嫌なことを習慣にするのは当然気が進みません。そして、その習慣にしたい行動が嫌なことか、いいことかは、習慣そのものよりも、それをやった思い出が影響します。
習慣にしたい行動に、「楽しい」というイメージをつけることができれば、スムーズにやるようになっていきます。

15 自分のことなのに自分でしない

誰しも子どもを「自分のことは自分でする子」に育てたいと思っているでしょう。けれどもなかなかうまくいかないケースもあります。

子どもが自分のことを自分でしない原因には、次のようなものがあります。

❶ずっと誰かにしてもらってきた。

❷しないときのほうがたくさんかまってもらえる。

❸することは嫌ではないけれど、するとあとで説教されたり怒られたりする。

❹することが嫌なのではなくて、要領が悪くてできない。

❺やる前から口うるさく言われて気持ちが萎えるので、わざとやらないことで反抗している。

思い当たる原因はあったでしょうか？

では、自分のことを自分でできるようにする方法をお話ししていきます。

まずは仕切り直すことから始めます。

自分のことを自分でするようになるまでの流れ

①まずは関係性のリセットです。**3日間、子どもにガミガミ言わないニコニコお母さんでいます。**

②3日経ったら次のように宣言します。「**今まで○○をママがやってきた**

けど、これからはもうしないから、〇〇ちゃんが自分でしてね。ただ、どうしてもできないときは声をかけてね」

③してあげないことを徹底してください。「ママやって。パパやって」と言われても「ううん、ママはしないよ」と、お母さん本人の行動に関してだけ答えます。**決して「自分でやりなさい」とは言いません。**子どもが自分でするかしないかは本人次第です。多少困ろうが心配だろうが、放っておきます。泣いていても我慢してください。

④放っておいた結果、子どもが何か失敗して、「ママのせいでこうなった！」と責任転嫁してきても、「それでもママはしないよ」です。優しく、しかしブレずに宣言してください。

今まで結果的に自分の思い通りになってくれていたお母さんが思い通りにならなくなって、子どもはパニックになると思います。少し間を置いて、子どもの失敗について「どうなったの？」と聞きます。事の顛末を聞いたら、「そう、それは可哀想だったね」と慰めて、一通りグズグズを優しく聞いてあげてください。このとき、決して反論や意見はしませんが、子どもの要望にも応えません。ただ共感して〝聴き〟続けます。

「この子ならきっとできる」と子どもを信頼する

子どもの心には、「もうママには頼れない。自分のことは自分でしなくちゃ」という気持ちが芽生えていると思います。

自分でしなくてはいけないことへの声かけは、「〇〇するよ～」「〇〇お願いしまーす」と、促すかお願い調で伝えます。2回目は「もしもーし」です。声かけは3回までで、あとは子どもに任せます。

たとえば、「お弁当箱を出してください」という呼びかけに対して出さなかった場合、これまでなら出すまでうるさく言うか、お母さん自身で子どもの鞄から取り出して洗っていたと思います。しかし、もうそれはやめにします。

翌日のお弁当箱がなければ、家にある他のお弁当箱で代用する、それもなくなったらアルミホイルに包んでおいておく、ホイルもなくなったらお皿におかずを並べて「自分でどうにかして持って行ってね」と言う。決して意地悪ではありません。やるべきことをしなかったら困るのは自分だという至極当たり前のことを理解してもらうのです。

「この子ならきっとできる」と子どもを信頼して、心を鬼にして取り組んでください。

そして、子どもがたまったお弁当箱を持ってきたら、笑顔で「ありがとう！」と心から喜び、感謝してください。

この例の応用で、徹底して「自分のことは自分で」を定着させます。

ただ、事によってはお母さんがせざるを得ないこともあるので、「絶対にしない」とは言わないでください。「絶対にしない」と言ったのにしてしまうと、「ブレている」「嘘つき」になってしまいます。

さじ加減がわからないときは、お母さんがしてあげてもいいなと思う回数のチケットをつくり、月に1～2回使ってもいいことにして発行してあげてください。

自分のことを自分でやれるようになるには

「自分のことぐらい自分でできないの？」と、呆れ、嫌味、怒りなどの感情を込めて言う

「ママはしないよ」と、毅然と、かつ優しく言う

ポイント！

ガミガミ言いながらでも結局ママがしてくれるとなると、その流れを繰り返しがちですので、気持ちを強く持ち、「やらない」を貫きましょう。実際に子どもに自分でさせるときは、「やって当たり前」というスタンスでいると、なかなかやらないことにイライラしてしまうかもしれません。「子どもが自分でしてくれたら嬉しい」くらいの気持ちでかかわりましょう。

どうしても子どもの行動を待っていられないもの以外の、緊急性のないものは、手助けするのをできるだけ我慢しましょう。

16 何でもあと回しにする

やらなければいけないことをあと回しにする理由は様々ありますが、一番多いのは「面倒」という気持ちでしょう。「失敗したくない」という気持ちがあって動けないこともままあります。いずれにせよ、「あと回し」「先送り」は癖になりますから、早めに改善したいところです。

かといって、何でもかんでも「先にやりなさい」と命令すると、親子関係が悪くなりますし、子どもの精神状態にもよくありません。

ですから、まずは次のような特別に大事なことだけでも「すぐやる」癖をつけさせましょう。

- 試験や修学旅行など大切なイベントで困ること（持ちものの確認など）。
- やらないと、親も含め他人に迷惑がかかること。

子どもを動かす３段階声かけ

①**「先にやっておこうか～」と声をかけます。**そして３分（できれば10分）くらい待ちます。子どもが「あとでやる」と言ったら、首を横に振り「ううん、先にやる」と真剣な声と顔で言いましょう。

②**やらなければ、「さっ、先にやるよ」と再度声をかけます。**「これだけ終わってから」と言われたら、「ううん、ダメ。ママ困るもの」と理由を言いましょう。

子ども自身が困るということを伝えるには、「こういう大事なことは、一番にしなくちゃダメ。こういうことは、〝すぐ！〟にするの」と、「すぐ」を強調します。ただ、きつい言い方をしてはいけません。真剣な言い方ときつい言い方は違います。「大事なことは譲れない」ということを、毅然とした態度で真剣に、はっきりと言います。

③3回目は「さ、やる」と強めに言います。 動かなければ一緒に行動します。このうち、どこかで動けば、「そう！」とだけ、強く喜んでいる気持ちをしっかり表し、心から「ありがとう！」と深い感謝を伝えます。この感謝は、「お母さんが強引に今、行動させようとしたにもかかわらず、指示に従ってくれた」ことへの感謝です。謙虚さと素直さは大切です。

何でもかんでもやらせようとせず、大事なところだけを押さえて指示をすると、子どもはその指示に素直に従ってくれるようになります。**自分から動いたときは、すぐに「ありがとう！」です。** こういうときはおだてやおふざけ、茶目っ気はいりません。「お母さんから言わないでもやってくれてありがとう」という気持ちを込めて伝えます。

行動を起こしてくれることに素直に感謝し、謙虚に「ありがとう」を言葉に出して言うようにすれば、子どもは「どういうときにどういう行動をすればいいのか」を感覚で学びます。

何でもあと回しにする子への対応

「なんでもあと回しにするんだから！」ときつい口調や嫌味な雰囲気で言う

まじめに「さ、やるよ」。やってくれたら嬉しそうに「ありがとう！」

ポイント!

いつでも何でもすぐにやるのは理想ですが、「ココ」というポイントで困ることがないように、「真剣にお願いしたら聞いてくれる」関係性を普段から築いていることが大切です。お願いするときは決して声を荒げることなく、落ち着いて、「大切なことを伝えているよ」と声や表情からわかるようにしましょう。子どもはその様子から、「ここは絶対やらなきゃいけないところだ」と気づけるようになります。

反抗期の子どもへのかかわり

何にでも「イヤイヤ」をする「イヤイヤ期」は2歳前後に現れますが、小学生にも「イヤイヤグズグズ」はあります。

自分でやりたいのかと思えばしない。もう自分ではしないのかと思ってしてあげると、「自分でやろうと思ってたのに！」と言って怒る。あれもイヤ、これもイヤ。「じゃあ、どうしたいのよ!?」と怒るとぐずる。お母さんは「キーッ」とイライラしてしまいますね。

これは、子どもの中で甘えと自立心がせめぎ合っているために起こります。精神的にはまだまだ甘えたいけど、無意識に「甘えるのは小さい子みたいでかっこ悪い」と思っていたり、大人ぶりたくて、自分でしなきゃと思うけど面倒だったり。２つの気持ちが心の中に同時にあり、折り合いをうまくつけられない状態です。

お母さんにできることは、子どもの感情に引きずられることなく、嵐がおさまるのを「待つ」ことです。気になっても、子どものことは極力手出しも口出しもしないでおきましょう。

間合いを上手にとってください。ちょっとお世話しすぎかなというときは、見守りに切り替えます。すると今度は子どものほうから、思うようにいかないことを八つ当たりしてくるかもしれません。

「どうして何も言ってくれなかったの⁉」「どうして助けてくれなかったの⁉」「こうしようと思ってたのに～！」

ここで子どもの怒りに対して怒りで対抗しないこと。心の中で、スッと距離を置くイメージで、ゆったりした口調で、「あ、そうなの？」「そっかぁ」

と答えはしますが、深くは応じません。

ぞんざいにあしらうのではなく、真摯に〝考えるふり〟をしてください。

反抗期の子どもには「つかず離れず」のスタンスで

お母さんや家族に攻撃の矛先を向けるのではなく、外でのストレスをぶちまけてグズグズ言っているときは、共感してあげましょう。

「も〜〜！」と怒っていたら、「ほんとにもう！　だよね！」というふうに。

それで、「ママはいいの！　黙ってて！」とカリカリしていたら、「そう？　わかった！」と素直に受け止めて離れます。

子どもがどんな状態のときも、親はつかず離れずのスタンスをブレさせることなく、感情に巻き込まれずにいましょう。子どもが話を聴いてほしければ聴くし、共感してほしければ共感する、受容してほしければ受容するし、放っておいてほしければ放っておくというスタンスです。そこをきっちりと押さえておけば、子どもの精神的成長にしたがって、嵐は徐々に収まってきます。無理やり封じ込めるのはあまり好ましくありません。

反抗期がある子もいればない子もいます。反抗期が必要な子には反抗期があるし、反抗期が必要でない子には反抗期が来ないと思っていてよいでしょう。必要な時期に必要な分現れるので、その波にそっと寄り添ってあげれば、子どもにとってちょうどいい程度で収まっていきます。

お母さんが自然にそばから離れれば、子どもからそばに寄ってきます。「さっきあっちに行ってって言ったくせに」など意地悪や冗談は言わずに、ニコニコ優しく、何事もなかったように受け入れてあげましょう。**先ほどまでのイヤイヤグズグズを蒸し返すのは、子どもを辱めることになります。**子どもは恥ずかしい思いをさせられることについて、大人以上に敏感です。次から、素直な表現ができなくなります。

この時期は「来る者は拒まず、去る者は追わず」で、放し飼いの猫のように、「気まぐれ屋さんで可愛いねぇ」と思ってあげてください。

反抗期の子どもへのかかわり方

✕「いったいどうしてほしいのよ!?」(子どもの感情に巻き込まれている)

○「どうする〜？ どうしようかなぁ〜？」(子どもの感情に巻き込まれず、優しく冷静に)

ポイント!

大切なのは、子どもの感情に巻き込まれないということです。子どもも親も怒ってしまっては怒りが共鳴して手がつけられなくなります。心の距離を少し広げた状態をキープするイメージで、子どもの様子を冷静に見てあげてください。そして、子どもに対峙している自分も客観的に見てみると、もっと冷静になれると思います。

第5章

イライラ・ガミガミを減らす！コミュニケーションの基礎知識

本書では様々なシーンでの「言葉かけ」や対応をお伝えしていますが、すべてのベースはコミュニケーションです。この章では、「コミュニケーションの５つの法則」や「話の聴き方」の基本など、コミュニケーションの基礎知識について紹介します。

1 コミュニケーションの5つの法則

イライラ・ガミガミしなくなるよう、子どもとの関係性を変えたいと思うなら、お父さん・お母さんが行動を変えない限りは変化しません。

子どもからのよい変化は、まず期待できないでしょう。関係性を良好にしていくためには、親のほうからアプローチして変化を起こさせるしかないのです。

この章では、そのために知っておきたいコミュニケーションの基本についてお話ししていきます。

「厳しい口調」と「批判的な言葉」は避ける

まず、コミュニケーションには５つの法則があることを知っておきましょう。

❶厳しく、批判的な言葉で話されると元気がなくなり、やる気が起こらなくなります。
❷優しく、肯定的な言葉で話されると元気が出てきて、やる気が起こります。
❸落ち着いた口調で静かに質問されると、冷静になり、考えるスイッチが入ります。
❹明るく、ユーモアを持って話されると、楽しくなり、テンションが上がってきます。

❺謙虚な口調で素直に話されると、リラックスでき、心が解放されていきます。

自分から話すときも、子どもからの言葉を受けて返すときも、内容や状況にかかわらず、「厳しい口調」と「批判的な言葉」は極力、避けます。

コミュニケーションをスムーズにしたいときは、状況や、自分や相手のネガティブな感情に呑まれないようにして、優しく肯定的な言葉か、明るくユーモアのある言葉を選んで話すとうまくいきます。

話すスピード、声の抑揚で印象はこんなに変わる

赤ちゃんに声をかけるとき、多くの人は自然とやや高めの声で、ゆっくり、抑揚をつけて話しかけます。これは国や民族によらない世界共通の特徴で、「マザリーズ」と呼ばれています。赤ちゃんはこの声が大好きで、安心すると言われています。

子どももそれは同じです。

お母さんが「明るく高い声」で話せば、太陽が未来を照らしてくれているような感覚が広がり、元気いっぱいになれます。

逆に「低い、暗い声」で話すと、子どもの心はどんより曇り空。「ゆっくり、のんびり」話せば、春の暖かさに包まれているような優しい気分になり、不安も吹き飛びます。

逆に「早口」で話せば、きつく聞こえて、反抗心が湧きます。

「抑揚をつけて」話せば、おもしろおかしくふざけているように聞こえて、楽しい気持ちになります。

「抑揚をつけずに」話せば、冷たく無関心な感じがして、寂しい気持ちになります。

「大きな声」は威圧的、「小さな声」には閉ざした心を感じます。

同じ言葉でも言い方や表情で、子どもに与える印象はずいぶん違ってきます。一般的にはゆっくりした口調と、優しい高めの声で接すれば、コミュニケーションもスムーズになり、適切な関係性を築くことができるようになります。

3 話の「聴き方」の基本は否定、非難、アドバイスをしないこと

子どもと話をするとき、**話す割合は子ども8割、お母さん2割**を心がけます。お母さんは子どもよりも人生経験が豊富なので、つい「そういうときはね！」とか、「わかるよ！ お母さんも子どものときにね」などと話の主役を奪い取ってしまうことがあります。そうならないよう、十分注意してください。

お母さんは聞き役に徹しましょう。子どもは話すことで自分の考えをまとめることができますし、論理的な思考力を養うこともできます。

子どもを会話の主役にすることで、話すこともどんどん上手になります。

話を「聴く」ときのポイント

◇決して否定、非難をしない

わりと多い話の聴き方の失敗が「否定」です。たとえば「○○ちゃんがこんなこと言ってきたの！　きっと私のこと嫌いなんだ！」という話に対して、話し手の気持ちをなだめようと「あの子はそんなつもりじゃなかったんじゃないかな？」などと言うことです。

話を否定すると、「こんなことを言われてとても嫌な思いをした！」という気持ちに共感してもらえていないという寂しさを話し手に感じさせてしまう可能性があります。

また、「あなたの言っていることは間違っていると思うよ」と否定されたように感じ、話し手はすっきりしません。

聴き方の基本は、聴き手はどんな話でも「そう、そんなことがあったんだ」と、否定したり疑ったりせずに受け入れることです。

そのときにとても大切なのは表情と声です。「あなたが嫌な思いをしたことを心配しているよ」「あなたが嫌な思いをして、私も嫌な気分になったよ」という共感が伝わるように表現しましょう。

すると話し手は、「聞いてもらえた！　共感してもらえた！」と感じ、心が少し楽になります。

一緒に怒りを共有してあげることも、ときには必要なことがありますが、余計に関係性をこじらせてしまうリスクもありますので、否定も肯定もせずに、話し手が言ったことをまっすぐに受け止め、「そう、それは嫌だったよね」と相手が言った感情をそのまま返すようにして、気持ちに共感します。

◇アドバイスをしない

よかれと思って、話し手に対して「こうしたらどうかな？」とアドバイスをしたくなることもあるでしょう。しかし、話し手は「上手に立ち回れていないあなたが悪い」と責められているように感じます。

実は聴き手からのアドバイスで問題が解決するケースはかなり少ないです。話し手は聴き手が思いつく方法はすでに試していたり、検討済みであることが多く、「そんなアドバイスはいらない！」ということになってしまいやすいのです。

話し手が求めるのは、解決よりも先に共感です。

たとえば「頑張ってるんだけど、テストの点数とれないんだよね」に対して「もう少し早めにテスト勉強を始めたらいいんじゃない？」とアドバイスすると、話し手は「勉強量が足りていない」と言われたようでがっかりです。「そんなことはわかってる！」と感じるかもしれません。ほしいのは、「点数は十分とれてると思うよ！」「よく頑張ってるよ、すごいと思うけどなぁ」という認める言葉や共感です。共感があって初めて、明日からの話をしようと思えたりするのです。

聴き手は、まずは共感してから、「それでそのときどうしたの？」と、話し手がとった行動を聞いてあげてください。そして話し手の話に対して、「そうか、頑張ったんだね。よくやったよ」などと、ねぎらったり、ほめたり、認めたりしてあげてください。

これだけで、話し手は随分気分が楽になり、あなたに話してよかったと思うでしょう。

質問は先入観を全部取り払い、穏やかな口調で

理由を聞いただけなのに、子どもが怒り出す、あるいは「何も話してくれない」「面倒くさがられる」なんてことはありませんか？

お母さんは子どもが心配でたまらないから話をしたいのに、子どもとの会話がスムーズに進まないことに苦しみます。

話の聴き方の失敗例としては、次のようなことが考えられます。

● **怒り口調で話す。**

- **子どもが理由を話したあと、叱る。**
- **根掘り葉掘り聞く。**
- **決めつけや押しつけがましさがある。**

子どもはお母さんが話を始めると、反射的にお母さんが何を言うか予測します。その予測が子どもにとって心地いい展開でない場合は、話す前から「どうせ何を言っても無駄」と心を閉ざします。

子どもに何も話してもらえないと、救うべきときにも救ってあげられません。

子どものＳＯＳに早く気づいてあげるためにも、子どもが何でも話をしたくなる親でいたいものです。

子どもと話をするときに、気をつけるポイントがいくつかあります。

これらに気をつけることで、「なぜ伝わらないのか」「なぜ思うように改善されないのか」などが解決されていきます。

論理的に考えながら話を聴く

話を聴くときは、論理的な力を発揮して、冷静な態度で客観的に分析をしながら「質問」をします。

この問題の原因は何なのか、どうすれば解決に向かうのか、これらをお母さんが考えてしまうのではなく、子どもに考えさせるには、どのような質問をすればいいのかを考えて、子どもに聞いていきます。

お母さんが論理的な力を発揮すれば、子どもの論理的な力も磨かれます。

ただ、あまりにも細かく、くどく、お母さんが自分の興味のおもむくままに納得がいくまで答えを出させようとすると、子どもはうんざりしてしまいます。

わずらわしさから何も考えたくなくなってしまうか、逆に理屈っぽい子になる可能性もあります。

一方、お母さんがあまり考えることをせずに、行き当たりばったりな生き方をしていると、子どもも何かあったときに、どう対処するかを考えられずに、動揺しやすい子になったり、状況判断が苦手で主観的な子になってしまうことがあります。

子どものテンポに合わせる

質問をするときは、「穏やかな口調」が基本です。

お母さんが穏やかな口調で話しかける（質問する）ことで、子どもは冷静に、自分の考えを整理しながら話しやすくなります。何より話すことで安心感を得られます。

まずは穏やかに「話をしてくれる？」「教えてくれる？」と聞き、「うん、うん」とうなずきながら相づちを打ちます。子どもが嬉しそうならお母さんも嬉しそうに、子どもがバツが悪そうなら淡々と聞きます。

子どもの話を聞いて、感情的になることは避けましょう。

もし感情的になると、そのときの印象が子どもの心に強く残り、次から質問されるたびに、そのときのことを思い出してしまいます。

先入観を全部取り払い、解釈をしない

子どもが嬉しそうなとき、悲しそうなとき、何か問題を起こしたときなど、何があったのかと声をかけることがあるかと思います。

そのとき、「こんなことがあったから嬉しいのだろう」「どうせこんな理由だろう」と**先入観を持った状態で質問してはいけません。**

特に「子どもが何か悪いことをしたのでは？」という先入観は、思っている以上に顔や声に出てしまいますし、子どもはそれを敏感にキャッチします。そうすると子どもは、「質問に答えよう」ではなく、「この場を乗り切ろう」にスイッチが入ってしまって、本当のことが聞けなくなります。

また、先入観を持っていると、次の質問が頭に浮かんで、子どもの話への注意力が下がります。子どもがチグハグに感じる質問をしてしまうと、やはり子どもは話したくなくなってしまいます。

子どもが話してくれた内容に対して、「こういうことね」と解釈するようなことも言わないようにしましょう。人は解釈されると、「そうじゃないんだけどな」と感じながらも、「そう」と答えることがよくあります。

解釈をしてしまうと、「私のことを理解してくれていない」という感情が湧き、次からお母さんと話をしたいと思わなくなってしまいます。

途中で言葉を遮らない

子どもの言葉は途中で遮らずに、最後まで聞ききることが大切です。

子どもの話を聞いていると、途中で言いたいことが浮かんでくるかもしれませんが、「なるほど」「そうだったのね」と受け止めて、言いたいことは言わないで終わるようにします。

必要に応じて、「大変だったね」「頑張ったね」「話してくれてありがとう」と、共感し、謙虚な姿勢で感謝の言葉を言います。

つじつまが合わないことや疑問があっても、すぐに問いただすのではなく、黙っていったん受け止めたあとで、考えている様子を少し見せてから、「これについて、もう少し聞かせてくれる?」と、ピンポイントに絞って、静かに質問してください。

悩みや迷いなどの問題に対しては、「こうしたらいいのに」というアイデアがこちらにあっても、やはりまずは「うーん……」と考える様子を見せてから、「今、どんなふうに思ってる？」「どうしようか？」「どう考えてる？」と、子どもの気持ちや考えを聞きます。

解決方法が見出せていないときの頭の中の状態は、散らかっている部屋と同じ状態です。

ゆっくりと子どもがお母さんに話をする⬇お母さんが質問する⬇子どもがその質問に対する返事を考える⬇お母さんに答える……これを繰り返して、子どもは頭の中を整理していきます。

子どもが自分の問題を客観的に見ながら、自分にとってのベストな解決策を自分で見つける作業です。

指示ではなく、子どもが「自分で考え、気づき、判断した」と思えるように話を進める

親として、子どもに対して「こうすればいいのに」と思うことがあっても、**話を聞くときの基本的なスタンスは、「答えは自分の中（悩んでいる本人の心の内）にある」が原則です。**解答を与えることが目的ではありません。

とはいえ子どもはまだ人生経験に乏しいですから、お母さんは子どもの話をいったん「なるほど」と受け止めてから、少し間をあけて次のような対応をして、未来を現実的に想像させてもよいでしょう。

「それもいいと思うんだけど、こういうときはどうする？」

思いついたように「あ、こういうことが発生することは考えられないかな？」

ひらめいたように「そうだ、そうだ、こういうのはどう？」

作戦会議のイメージで、深刻にならず、考えるのがどんどん楽しくなるように話を進めてみてください。

そして、起こり得るリスクの様々なパターンや選択肢を、「相談」「疑問」「提案」といった形で、子どもが「自分で気づいた」「自分で考えた」「自分で判断し自分が決断した」と思えるように話を聞けるとよいでしょう。

「自分で解決できた」という自信にもつながりますし、次に同じような問題が起こったとき、自分で考えることができるようになってきます。

5 簡単な言葉でも気持ちを100%伝えるコツ

気持ちは、言葉以外のコミュニケーションで7割は伝わると言われています。「言葉以外」とは、表情や声のトーン、ジェスチャーなどです。

逆に言えば、気持ちを伝える言葉は簡単なものでも、表情や声のトーンなどが伴っていれば、気持ちはちゃんと伝わるということです。

ですから、子どもに親の気持ちを伝えようとするときに、難しい言葉や素敵な言い回しを探す必要はありません。

「ありがとう」「嬉しい」「悲しい」「好き」「幸せ」……こうしたシンプルな

言葉で十分です。

ほめるときは、「すごい」「すてき」「すばらしい」といったわかりやすい言葉でよいので、感情を込めた言い方で伝えてください。

「うまく言えないけど、本当にすごいと思う！」

「もっといい言葉を思いつけばいいんだけど……でも、さすが○○ちゃんだなって思った！」

ドラマや小説のように表現する必要はありません。「あなたのことを思っているよ」と気持ちを込めて言葉を発信すればいいのです。

気持ちを込めて表現するコツは「驚き」をプラスすること

気持ちを込めて表現するコツは、「驚き」をトッピングすることです。

子どもは、驚いた表現が大好き。「おーっ！」「ヒャー！」といった感嘆詞を連発するだけで大喜びします。

「うわぁ！　すごーい！　頑張ったねー！」

さらに、感情を表す言葉と、相手への感謝を付け加えれば完璧です。

「うわぁ！　すごーい！　頑張ったねー！　嬉しい！　ありがとう！」

どんなくだらないことでも、ハイテンションで言うだけで子どもは乗ってきます。ですから、リズムをつけて言うのも、効果絶大です。

子どもはお母さんの様子を見て、言葉以外の要素からもお母さんが喜んでいることを感じます。言葉以外のコミュニケーションはとても強く感じられるものです。

子どもをうまく動かすには「お誘い」「提案」「お願い」で

忙しいお母さんとしては、手っ取り早く事を済ませたいため、子どもについ命令口調で指示をしてしまいがちです。しかし、それではかえって子どもは動かなくなってしまいます。

子どもはあまのじゃくでへそ曲がり。「あれしなさい」「これしなさい」と言われると、無理やり何かをやらされるような気がします。人は心の奥に「人の言いなりになりたくない」「自分の意思で動きたい」という気持ちがありますから、したほうがいいとわかっていても、つい逆らいたくなります。

また、命令口調は「言う側が上」という意識の表れでもありますから、言われたほうはカチンとくることが多いでしょう。

お子さんとお互いに愛情あふれる関係を築きたいなら、たとえ親子でも命令で行動させようとするのではなく、相手の気持ちを尊重し、「お願い」や「提案」という形で希望を伝えましょう。

お誘い、提案をする

何かをしてほしいとき、前提として1回言って動いてくれるとは思わないようにしましょう。3回、4回と提案の仕方に変化をつけながら言葉をかけていきます。

- 1回目「**あれしよっか？**」とゆっくりのんびりした口調で言います。

●2回目　少し急ぎなら「**そろそろ、しよっか〜？**」、時間が決まっているなら「**○時頃には済ませられるように○時には動こうか？**」
●3回目　今すぐなら「**さぁやろう！**」「**さ！　やるよ！**」「**やりま〜す！**」

この段階で子どもが動かないなら、普段のかかわり不足が原因になっている場合があります。普段のかかわりの改善に目を向けましょう。

改善を始めて10日経ったら、3回目のタイミングで試してみるとよいのが、子どもの手を取り、「やるやるやるやる」とロボットのような言い方と動きで子どもを連行することです。少しふざけた感じです。

それでも言うことを聞かなければ、4回目は「**ダメです**」と、わざと怖い顔をして、しかし可愛いつくり声で言います。これで言うことを聞かなければ、かかわり方にムラがないかチェックして、もう10日間、イチからやり直しです。

関係性ができた手ごたえがあれば、通常は動きますが、それでもダメなら最後の切り札です。

- 5回目　めったに見せないまじめな顔をして「**ダメです。やってください**」
- 6回目　「**すぐに動きなさい**」と低い声で言います。「こりゃ本気で怒っているな」の顔です。

よほど子どもが親を甘く見ているのでなければ、ほとんどの場合これで動きます。

何回もアプローチし直す時間がないときは「お願い」する

急いでいて、3回も4回もアプローチし直している時間がない場合は、次のようにお願いしてみてください。

「ごめ〜ん。急がせて悪いんだけど、今すぐ○○してくれる？　ごめ〜ん」

「急でごめん！　○○してもらっていい？　ごめんね」

低姿勢で手を合わせて、「ごめんね」の言葉で促したい行動をサンドイッチのように挟んでお願いします。

これは本当に急ぎのとき以外は使いません。月1回までを意識してください。

お願いの三段活用

タイプ	1回目	2回目	3回目
促す	しよっか	するよ	する！
楽しく	しよう！	する！	しまーす！
注意	怒れてきた	ダメ	しなさい
ふざけてお願い	おねがーい	おねがいしますよ〜	おねがいしまする！

おわりに

私の本を手に取ってくださって、本当にありがとうございます。

この本に興味を持ってくださったあなたは、いったいどんなお母さんなのでしょう。

たとえ毎日お子さんに対してイライラ・ガミガミしているとしても、本質は愛情たっぷりの、とってもいいお母さんなのだろうなぁと思います。

なぜなら、子どもにとってよい親でありたいという気持ちがなければ、子育てに関する本を読もうとはしないと思うからです。

誰だってイライラ・ガミガミなんてしたくありません。お子さんだって、わざとそうさせようとしているわけではありません。

イライラ・ガミガミしている自分に気づいたら、「子どもとの関係性をリセットしたらいいんだよ」という心の許可を自分に出してください。

「大丈夫！　今からでも全然遅くない！」と自分を勇気づけ、「私ならできる！」と自分を認めてください。

鏡に映る自分に向かって、「あなたは悪くないよ。素敵なママだよ」と、優しさを自分にたっぷりと注いでください。

そうしたらきっと、心の奥から力が湧いてきます。

今までの方法は手放さないといけないんだなと気づいたら、この本に書いてある方法を代わりに使ってください。

それでもうまくいかないときは、どこかでエラーが起こっている可能性がありますので、もう一度最初からこの本を読んでみてください。

そして、よかったらぜひ、私のカウンセリングルームにもいらしてください。

あなたがもし今、母親としての自分が好きになれないとしたら、きっと不器用なだけ。いろんなストレスで心がカチコチに凝ってしまって、頭ではわかっているのに心がついていけないだけだと思います。

自分を責めるために心のエネルギーを使うのはもったいない。ぜひ、自分の人生も慈しみ、大事にしてください。

最後になりましたが、10万字でよいのに20万字も書いてしまって、自分でも収拾がつかなくなった私の執筆作業を温かい目で根気よく見守ってくれた秀和システムのご担当者をはじめ、このたびの出版に携わってくださった皆様、心から感謝をしております。本当にありがとうございました。

２０２１年３月　水野　優子

◇ 著者プロフィール ◇

水野　優子（みずの　ゆうこ）

株式会社オフィス優　代表取締役。心理カウンセラー。短大を卒業後、保育士、公立小中学校の心の相談員、学童保育の立ち上げ・運営などを経験。児童虐待根絶を信念に、ボランティアで10年以上、青少年育成活動を行う。交流分析などの心理学、カウンセリングを学び、カウンセリングオフィス優を開業。個別カウンセリングのほか、フリースクール・学習塾「トラスト」でのサポート業務、空手道場「優拳塾」の運営などを行う。保有資格は保育士免許・幼稚園教諭免許。
小中学校での保護者向け講演、市の教育委員会などの公的機関や一般企業での講演、研修講師、『みえこども新聞』での連載など活動は多岐にわたる。

カバー・本文イラスト　内田　深雪
装丁　室田　敏江（志岐デザイン事務所）
協力　NPO法人企画のたまご屋さん

イライラ・ガミガミしない ママになれる本

「言うことを聞かない子」が変わる言葉かけ

発行日　2021年　3月25日　第1版第1刷
　　　　2022年　1月20日　第1版第2刷

著　者　水野　優子

発行者　斉藤　和邦
発行所　株式会社　秀和システム
〒135-0016
東京都江東区東陽2-4-2　新宮ビル2F
Tel 03-6264-3105（販売）　Fax 03-6264-3094
印刷所　日経印刷株式会社　Printed in Japan

ISBN978-4-7980-6312-6 C0037

定価はカバーに表示してあります。

乱丁本・落丁本はお取りかえいたします。

本書に関するご質問については、ご質問の内容と住所、氏名、電話番号を明記のうえ、当社編集部宛FAXまたは書面にてお送りください。お電話によるご質問は受け付けておりませんのであらかじめご了承ください。